문화를 읽으면 신앙이 보인다

문화를 읽으면 신앙이 보인다

2025년 4월 30일 서울대교구 교회인가
2025년 6월 10일 초판 1쇄 발행

지은이 | 김민수
편집　 | 조용종·이만옥
디자인 | 지화경
펴낸이 | 이문수
펴낸곳 | 바오출판사

등록 | 2004년 1월 9일 제313-2004-000004호
주소 | 고양시 일산동구 일산로205 204-402
전화 | 031)819-3283 / 문서전송 02)6455-3283
전자우편 | baobooks@naver.com

ⓒ 2025 한국가톨릭문화연구원·김민수

ISBN 979-11-94735-22-9  03230

# 문화를 읽으면
# 신앙이 보인다

한국가톨릭문화연구원

9

김민수 지음

사회 변화는 보통 내부에서 시작됩니다. 내부에서 축적된 변화의 욕구들로 더 이상 견디기 힘들 때 외부로 표출됩니다. 그리고 외부로 나타난 변화는 저항을 통해 순화되고 조정되어 사회의 제도로 자리 잡는 것이 일반적입니다. 그러나 꼭 그렇게 진행되는 것만은 아닙니다. 가끔은 변화를 희망하지만 그 욕구가 무르익기도 전에 피해갈 수 없는 외적 환경이 사회의 변화를 이끌어내기도 합니다. 전 세계를 휘몰아쳤던 코로나 팬데믹이 바로 그러한 사례입니다.

우리는 이제 팬데믹 시대를 벗어나고 있습니다. 그동안 수많은 학자들이 예견했던 이른바 '뉴노멀'이라는 새로운 기준이 점차 자리를 잡아가고 있는 시점입니다. 문화는 항상 변화하고 있으며, 그 중심에는 현실에서 삶을 살아가는 우리가 있고 사회의 흐름이 있습니다. 그러므로 '뉴노멀'이라는 새로운 문화의 기준이 완전히 자리를 잡을 때까지는 많은 혼돈과 어려움이 있을 것으로 예상됩니다.

1985년 8월 김수환 추기경님의 후원으로 설립한 '한국 가톨릭문화연구원'에서는 팬데믹으로 나타나는 변화의 방향을 가늠해보고자 2020년 평화방송과 공동으로 〈팬데믹과 한국 가톨릭교회〉라는 주제로 심포지엄을 개최한 바 있습니다. 변화된 시대는 변화된 선교방식과 사목 패러다임을 요구합니다. 그리고 이를 위해서는 우리 삶의 모든 분야 곧, 삶의 실제적 상황에서 일어나는 시대적 징표를 제대로 읽어내야 합니다. 특히 교회의 입장에서는 시대적 징표를 살펴보고, 종합하여 하느님의 뜻을 찾아내는 일을 선도적으로 하여야 합니다. 그래야 바로 오늘에 적합한 신앙 실천의 방법론을 모색할 수 있고, 신자들은 그 실천으로 '지금 여기'에서 신앙인으로 성장할 수 있기 때문입니다. 이것이 바로 오늘날 절실한 '새로운 복음화'와 '새로운 사목'의 실천이며, 다르게 표현하면 '문화의 복음화'와 '문화사목'의 실천인 것입니다.

　이러한 취지에서 앞으로 한국가톨릭문화연구원은 우리 사회에서 일어나는 다양한 사회 이슈와 문화 현상을 교회적 시각으로 해석하고 분석하여 신앙생활에 도움이 되고자 합니다. 물론 시중에는 신앙생활에 도움이 되는 교회서적이 적지 않습니다. 그러나 대부분 영성 관계 서적의 비중이 높은 반면 급변하는 일상 문화 안에서 생활하는 신앙인들에게 각각의 문화사회적 현상에 대한 신학적·윤리적 반성과 의미를 제공하는 서적은 그다지 많지 않습니다. 따라서 한국가톨릭문화연구원은 사제와 평신도, 수도자를 가리지 않고 우리 교회와 신앙인들에게 반드시 필요한 다양한 의견과 주장, 반성을 담은 소책자 시리즈를 꾸준히 간행할 예정입니다.

누구나 어려움에 처했을 때는 자신의 정체성에 대해 생각하기 마련입니다. 곧 가톨릭 신자, 혹은 이 시대를 살아가는 사람으로서 '나는 누구인가' 하는 점입니다. 또한 사회적 이슈에 대해 교회 정신에 입각한 성찰과 반성이 존재할 때 비로소 신앙 실천이 구체화될 수 있다고 봅니다. 아무쪼록 간행되는 소책자 시리즈가 여러분에게 신앙과 사회를 다시 생각해볼 수 있는 의미 있는 기회를 마련해주었으면 좋겠습니다.

2023년 5월

김민수 이냐시오 신부

# 머리말

시대의 징표를 읽고 해석하고 깨달아야 할 필요성이 절실한 때다. 세상이 너무 복잡하고 혼란스럽다. 소셜 미디어의 알고리즘에 의해 생각이 조작되고, 확증 편향이 강화되면서 많은 사람들이 과거로 회귀하는 '군중'이 되어가는 듯하다. 주체성을 상실한 채 '생각하지 않는 사람들'로 변질되는 모습이 우려스럽다.

급속도로 발전하는 인공지능(AI)은 인간에게 편리하고 풍요로운 삶을 제공할 수 있지만, 동시에 그 발전 속도와 방향에 따라 인간을 지배하고 궁극적으로 위험에 빠뜨릴 가능성도 존재한다. 제4차 산업혁명이 가져오는 디지털 문화와 AI 시대 속에서 우리는 피해자가 되지 않기 위해 '문화의 분별력'을 길러야 한다. 이는 단순히 문화 현상을 관찰하는 능력을 넘어, 그것을 올바르게 해석하고 우리 삶과 사회에 적용할 수 있는 힘을 의미한다. 시대의 흐름을 읽고, 그것을 바탕으로 새로운 문화와 조화를 이루며 평화롭게 공존하는 것이 필요하다.

우리 삶은 시대와 함께 변화하고 있으며, 한국 사회의 급격한 변화는 그 속도를 더욱 실감하게 한다. 과거에는 해외여행 중 이질적인 문화에 적응하는 것이 어려웠지만, 이제는 세계 어디를 가든 한국이 동등하거나 우월한 위상을 지닌 것을 체감할 수 있다. 경제대국이자 선진국 수준에 도달한 한국 사회는 풍요로움을 누리고 있는 반면에 다양한 문제들이 고착화되고 있다. 고령화, 저출생, 청년 실업, 고립사, 사회적 양극화, 혐오와 차별, 이념 갈등, 생태오염과 파괴 등 심각한 사회적 문제가 존재한다.

AI와 디지털 문화가 변화를 주도하는 시대 속에서 교회도 위기와 기회를 동시에 맞이하고 있다. 한편으로는 탈종교화로 인해 교세가 약화되고 있으며, 초고령화와 젊은 세대의 이탈로 교회 공동체가 성장 동력을 잃고 있다. 더욱이 십자가의 고통을 감내하는 신앙보다는 고통 없는 영광, 십자가 없는 부활을 추구하는 편리한 신앙이 선호되는 경향이 강해지고 있다.

그러나 다른 한편에서는 변화하는 문화에 발맞춰 새로운 교회 문화가 형성되고 있다. 이주 사목, 성지순례 사목, 독서 사목, 온라인 사목, 환경 사목 등 다양한 사목과 선교 활동이 자리 잡고 있다. 본당에서도 기존의 소공동체 모임이 쇠퇴하면서 독서 모임, 동호회, 문화센터 등 새로운 형태의 신앙 공동체가 등장하고 있다.

이러한 시대적 흐름 속에서 이 책은 오늘날 한국 가톨릭교회가 처한 다양한 문화 현상을 어떻게 읽고 해석하며 적용할 것인지 고민하고, 현실을 제대로 식별하여 교회가 걸어갈 올바른 미래의 길을 제시하고자 한다. 사회 이론서처럼 무겁기보다는, 필자의 경험을 바탕으로 바람직한 교회의 모습을 제시하는 에세이 형식이어서 부담 없이 읽을 수 있을 것이다.

이 책은 '디지털 문화와 신앙'을 큰 주제로 설정하고 이에 관련한 다양한 내용을 다섯 영역으로 분류해놓고 있다.

제1부 '디지털 문화와 신앙의 변화'에서는 '디지털 종교'가 교회와 신앙에 미치는 영향과 새로운 신앙 행태를 살펴본다. 제2부 '위기의 문화: 성찰과 회복'에서는 디지털 문화가 초래하는 새로운 형태의 죽음 문화를 조명하고, 이에 대한 깊은 성찰과 복음적 대응 방안을 제시한다. 제3부 '관계와 소통: 함께 걷는 신앙 공동체'에서는 디지털 문화 시대에 걸맞은 교회의 선교적이며 공적인 특성을 언급한다. 구체적인 작업은 교회 안팎으로 관계의 소통과 나눔으로 나타난다.

제4부 '돌봄과 치유: 신앙의 의미와 역할'에서는 디지털 문화 시대에 세상을 향해 열린 교회가 되어 돌봄과 치유의 역할로써 신앙을 실천하기를 권유한다. 제5부 '삶 안에서 깊어지는 신앙'에서는 오프라인과 온라인 신앙 행위의 조화를 이루며 신앙을 더욱 풍성하게 실천하는 방법을 제안한다. 디지털 시대에도 아날로그적 삶의 가치는 여전히 중요하며, 이를 통해 신앙이 더욱 깊어질 수 있음을 이야기한다.

이 책은 2020년에 출간된 『문화를 읽어주는 예수』의 후속편이다. 두 책 모두 〈가톨릭신문〉에 연재한 칼럼 '신앙인의 눈'의 글을 정리하고 수정한 것이다. 두 책은 미래를 향한 믿음과 희망을 가지고 문화의 시대에 교회가 나아가야 할 방향과 지향점, 그리고 해야 할 과제들을 제시한다는 점에서 의미와 가치가 있다고 생각한다. 복음과 신앙이 문화의 옷을 입을 때 동시대인들에게 올바르게 선포되고 실천될 수 있다. 전작과 마찬가지로 후속편인 이 책이 복음적 삶을 살아가려는 이들에게 신선한 자극으로 다가가기를 기대해본다.

특별히 이 책은 '한국가톨릭문화연구원'(한가문연)에서 발행하는 소책자 시리즈의 아홉 번째 책이다. '한가문연' 소책자 시리즈는 바오출판사가 출간 작업을 맡아주고 있다. 필자가 원장으로 있는 '한가문연' 시리즈에 포함되는 영광을 누리게 되어 기쁘다. 독자들이 편안하게 읽을 수 있도록 편집과 디자인 등 출판의 모든 과정에 꼼꼼히 배려해준 출판사 여러분에게 감사의 말씀을 드린다. 또한 이 책의 초고를 정리하고 세심하게 교정을 해준 '한가문연'의 오지섭 부원장님에게 고마움을 표시한다.

아울러 필자가 사목하는 서울대교구 상봉동성당 사목회 총회장님을 비롯한 사목위원들과 신자 모두에게도 감사

드린다. 특별히 '한가문연'에 끊임없이 관심과 격려를 보내
주시는 후원자들에게 감사의 마음을 전한다.

2025년 5월
상봉동에서
김민수 이냐시오 신부

# 차례

제 1 부

# 디지털 문화와
## 신앙의
## 변화

# 디지털 종교
# 시대

**1**

## : AI의 출현과 종교

인터넷이 등장하면서 디지털 문화는 우리 삶과 사회에서
일상이 되었다. 특히 '손 안의 컴퓨터'로 일컫는 스마트폰의
대중화는 종교적 경험과 실천에 급격한 변화를 가져오고
있다. 또한 제4차 산업혁명으로 인한 인공지능, 즉 AI의 출
현은 전통신앙을 확장시키고 유지시키는 데 긍정적인 역할
을 할 것으로 기대를 모으고 있다. 그렇지만 그와는 반대로
AI가 하느님과 대등한 위치를 차지해서 점차 우상화되고
종국적으로는 'AI 종교'가 탄생할 것이라는 암울한 전망이
나오고 있기도 하다.

◆ 종교계에서 온라인의 활동 반경이 점점 넓어지고 있다.

점점 빠르게 진화해가는 AI가 새로운 얼굴이 된 디지털 시대는 기존 종교 체제에 기회이자 위기로 다가오고 있으며, '디지털 종교(Digital Religion)' 담론을 더욱 구체화·활성화하는 계기를 제공하고 있다. 디지털 종교는 디지털 미디어와 기술을 통해 가상공간 내지 디지털 공간에서 실천되는 여러 종교적 행위들로 이루어진 모든 것을 뜻한다.[1] 종교가 갖는 초월성, 영성, 관계성, 정체성 형성 등을 디지털 미디어를 통해 경험할 수 있게 된 것이다. 종교성 자체의 변

---

**1**　Heidi A. Campbell, Wendi Bellar, *Digital Religion*, Routledge, 2023, 1쪽.

화가 아닌 종교 경험 방식의 변화라는 점에서는 긍정적 의미를 기대할 수 있다. 그러나 기술의 지배에 따른 부정적인 종교화를 우려하는 의견도 적지 않다.

디지털 종교는 '온라인 종교'와 '종교 온라인'으로 구분한다. 과거 '사이버 교회' 또는 '인터넷 교회'로 불렸던 '온라인 종교'는 온라인을 통해 기도, 묵상, 예식, 영적 상담 등 종교적 실천에 참여하도록 이끄는 역할을 해왔다.

그리고 '종교 온라인'은 종교적 정보나 서비스를 제공하며 기존의 오프라인 교회를 연장하기 위한 도구적 역할을 한다. 교구나 본당, 단체, 수도회, 개인 등이 운영하는 홈페이지나 온라인 사이트 같은 가상공간이 여기에 해당한다. 사실 이 두 형태는 명확히 구분되기보다 뒤섞여 있는 경우가 많다.


## ⠿ 교회와 디지털 종교

AI 시대를 맞이한 교회는 디지털 종교와 더욱 밀접한 관련을 맺게 되었다. 교구, 본당, 교회기관과 각종 단체, 그리고

◆ 수도원책방. 수도자들이 진행하는 방송으로, 책을 중심으로 음악과 영화, 문화 등 다양한 내용을 담고 있는 팟캐스트다.

신자 개인의 홈페이지는 이제 일종의 플랫폼이 되었다. 이 플랫폼을 발판으로 유튜브를 비롯한 각종 소셜 미디어(SNS)와 AI 챗봇 서비스를 활용하여 교회 구성원 혹은 대사회적 소통을 적극적으로 해나가고 있다. 교리 공부와 성경 공부, 기도 모임, 상담, 각종 회의와 강의 등 기존 오프라인 활동이 온라인과의 적극적인 연계를 통해 상호보완이 이루어지고 있는 것이다.

이미 교회 안팎에서 유튜브와 인스타그램을 활용한 친근한 선교 플랫폼들이 왕성하게 활동하고 있다. 예를 들어 청년 세 명이 사제들과 이야기를 나누는 유튜브 채널 '성당

오빠들'이 있고, 인스타그램 '성당언니'는 다양한 성지 사진과 음악을 공유한다. 교구나 교회기관, 그리고 개인이 유튜브 채널을 통해 행사 소개, 성경공부, 강의 등을 실시하고 있다.

서울대교구 홍성남 신부의 '톡 쏘는 영성심리', 수원교구 황창연 신부의 '성필립보생태마을', 대구대교구 마진우 신부의 '겸손기도' 등 사제들이 운영하는 유튜브 채널도 큰 인기를 끌고 있다. 이처럼 수도자들이 진행하는 팟캐스트 '수도원 책방'에서는 청년들이 좋아하는 책과 음악, 영화 등을 복음적인 시각에서 나누며 소통한다.


## ⋮ 디지털 종교의 과제

디지털 종교 활동은 본당 사목에서 사목자, 단체, 신자 간의 소통과 친교를 활성화한다. 카카오톡, 페이스북, 인스타그램, 문자 메시지, 이메일 등 다양한 SNS가 각종 교회 정보 교류와 공유를 이루어주는 활발한 상호소통의 장이 되고 있다.

그러나 온라인 종교 활동에 순기능만 있는 것은 아니다. 지나친 신앙 정보의 공유로 피로감을 호소하는 신자도 있다. 상대방이 원치 않는 정보를 계속 보내거나, 특정 구성원을 배제한 폐쇄된 커뮤니티로 인한 폐해도 있다.

또 잘못된 교리나 교회 지도자의 방침에 관한 왜곡된 내용이 쉽게 확산되기도 한다. 신자들 역시 유튜브에 강한 영향을 받을 뿐 아니라 심지어는 중독되어서 하느님과 함께하는 기도와 성찰의 시간이 상대적으로 줄어드는 세속화 현상마저 나타나고 있다.

『도둑맞은 집중력』(2023)에 따르면, 우리는 집중력을 "잃은 것이 아니라 도둑맞았다"고 한다. 우리의 신경을 붙잡아두려는 거대 테크 기업의 전략이 가장 큰 원인이라는 것이다.

원인 진단과 함께 개인적인 차원에서 스마트폰과 SNS의 사용을 줄이고 사색과 묵상의 시간을 규칙적으로 가지는 노력이 필요하다. 아울러 정보의 과잉 공유에 노출되지 않도록 신앙 정보를 공유할 때에도 절제가 중요하다는 사실을 인식해야 한다.

디지털 종교는 새로운 가능성과 함께 올바른 활용 방

식을 모색해야 하는 과제를 던지고 있다. 특히 AI와 연결되면서 더욱 건강하고 균형 잡힌 온라인 종교 활동을 만들어가야 하는 노력을 절실히 필요로 하고 있다.

# 디지털 시대의
# 착한 사마리아인

**2**

## : 참된 이웃 사랑

"누가 저의 이웃입니까?"(루카 10,29)

이천 년 전 한 율법학자가 예수님께 던진 질문이다. 그
가 생각한 이웃은 동족으로 한정되었고, 이방인은 배제되
었다. 그러나 예수님은 착한 사마리아인의 비유를 통해 이
웃의 개념을 확장하셨다.

혈연, 지연, 학연 등 연고주의 프레임에 갇혀 "자기를
사랑하는 이들만 사랑"(마태 5,46)하는 이기적이고 자기중심
적인 이웃 사랑에서 벗어나, "강도를 만난 사람에게 이웃이
되는 것"이 참된 이웃 사랑임을 가르치셨다.

이웃은 물리적·사회적 거리가 가까운 사람들에만 국한되지 않는다. 인종, 국경, 성별 등의 경계를 넘어 도움이 필요한 모든 사람에게 이웃이 될 때 진정한 사랑, 완전한 사랑에 가까워진다.

그러나 현실 세계에서는 도움이 필요한 이들을 쓸모없는 소모품처럼 여겨 폐기해야 할 존재로 치부하는 풍조가 만연해 있다. 이에 대해 프란치스코 교황은 '쓰고 버리는 문화'와 '무관심의 문화'가 친밀함, 연민, 자애를 반영하는 친절과 환대의 문화로 변화해야 한다고 거듭 강조한다.


## ⦂ 환대, 치유, 화해

그렇다면 디지털 시대인 요즘 사람들이 많은 시간을 보내는 디지털 공간 혹은 가상공간에서는 어떠한가? SNS에서 나의 이웃은 누구이며, 나는 누구의 이웃이 되고 있는가? 디지털 문화에서 경험하는 다양한 이웃 관계 속에서 그리스도교의 사랑은 어떻게 실천되어야 할까?

2023년 교황청 홍보부에서 발표한 「충만한 현존을 향

◆ 디지털에서도 다양한 이웃을 만날 수 있다. '디지털 이웃'은 디지털을 통해 현실의 문제를 해결할 수 있는 가능성을 보여준다.

하여: 소셜 미디어 참여에 관한 사목적 성찰」(2023.05.28)에서는 '디지털 문화에 대한 사목적 접근'의 중요성을 강조하면서 SNS를 주님의 사랑을 증거하는 공간으로 사목적으로 활용해야 한다고 천명하고 있다.

오늘날 신앙인들에게 스마트폰과 SNS는 신앙 실천에 매우 큰 영향을 끼치고 있어서 이제는 선택이 아닌 필수적인 교회문화로 자리 잡았다. 슬기로운 신앙생활을 위해 없어서는 안 될 삶의 방식으로 굳건하게 뿌리를 내린 것이다. 교회는 미디어를 단순한 도구로 간주하거나 그 부정적인 면만을 강조하여 사용 자체를 거부하는 구시대적이고 근시안적인 태도를 버려야 한다.

또한 디지털 만남이 현실적인 만남으로 이어지기 위해서는 오프라인과 온라인 만남 중 양자택일하는 사고방식을 극복하고, 온·오프라인이 혼합된 '온라이프'의 현실을 받아들여야 한다. 디지털 공간에서도 환대, 치유, 화해의 기회를 촉진하여 신앙을 실천할 수 있기 때문이다.

실제로 디지털 환경에서는 다양한 돌봄 공동체가 활동하며 '디지털 이웃'의 역할을 하고 있다. 예를 들어, 질병이나 상실, 슬픔 속에 있는 이들을 지원하기 위해 모인 커뮤니티, 도움이 필요한 사람들을 위해 크라우드 펀딩을 진행하는 커뮤니티, 회원 간 사회적·심리적 지원을 제공하는 커뮤니티 등이 있다. 이러한 공동체는 상처받고 고통받는 이들에게 자비를 베풀며 디지털 공간에서 신앙을 실천하고 있다. (『충만한 현존을 향하여』, 59항 참조)

## ：함께하고 나누고 살리는

반면 SNS는 알고리즘에 따라 유사한 성향을 지닌 사람들끼리만 집단을 형성하고, 자신들의 관심에만 집중하도록 설계되어 있어 '다른 사람'을 만나는 것을 어렵게 할 위험이 있다. (『충만한 현존을 위하여』, 15항 참조) 또한 익명성의 가면을 쓰고 부정적이고 공격적인 발언을 확산시키는 환경은 이른바 'n번방 사건'과 같은 디지털 성폭력을 비롯한 무분별한 가짜뉴스 유포 등 심각한 문제를 초래하며 피해자를 양산하기도 한다.

이런 상황에서 우리는 디지털 고속도로에서 강도를 만난 피해자에게 착한 사마리아인과 같은 진정한 이웃이 되어주어야 한다. 디지털 시대의 착한 사마리아인이 되기 위해서는 '디지털 디톡스'의 차원에서 침묵과 경청이 필요하다. 그럼으로써 "단순한 연결을 넘어 다른 사람들과 진심으로 소통하고, 의미 있는 대

◆ 영화 〈오베라는 남자〉(2015)

화를 나누며, 연대를 표현하고, 누군가의 고립감과 고통을 덜어줄 수 있는 통로가 될 수 있다."(『충만한 현존을 위하여』, 48항 참조) 이렇게 누군가에게 영향을 줄 수 있다는 점에서 우리 모두는 '미시적 인플루언서'임을 잊어서는 안 된다.

영화 〈오베라는 남자〉(2015)에서는 은퇴 후 자살을 결심한 한 남자가 새로 이사 온 이웃과 관계를 맺으면서 자살을 포기하는 이야기가 전개된다. 이웃은 함께하고 나누고 살리는 존재다. 디지털 공간에서도 우리는 서로에게 그러한 이웃이 될 수 있어야 한다.

# 소셜 미디어 시대,
# 고독을 잃어버린 인간

**3**

## ⠿ 숏폼 중독

우리 사회에서 '숏폼 중독'은 이미 일상화되어 있다. 숏폼 (short form)은 60초 이하의 짧은 동영상을 말하는데, 유튜브 의 숏츠(Shorts), 인스타그램의 릴스(Reels), 틱톡(TikTok) 등 이 대표적이다. 한 번 클릭 후 손가락으로 화면을 내리기만 하면, 알고리즘에 따라 비슷한 영상이 계속 이어진다.

문제는 이러한 숏폼 동영상이 인기를 끌면서 사람들이 피로감을 느끼고 있다는 점이다. 자신도 모르게 빠져들다 보면 중독이 되어서 이른바 '숏츠·릴스 지옥'에서 헤어 나오 기 어렵다.

◆ 숏폼 중독은 이미 심각한 사회 현상 중 하나가 되었다.

    이로 인한 일상생활의 지장을 호소하는 사람들도 점차 늘고 있다. 굳이 보지 않아도 될 짧은 영상들을 무심코 클릭하다 보면 어느새 상당한 양의 동영상을 시청하게 된다. 특히 침대에 누워 잠들기 전 하루를 마무리하며 스스로 보상받는다는 느낌으로 영상을 보다가, 시간 가는 줄 모르고 한 시간 이상 소비하게 되는 경우도 흔하다. 이렇게 잠자는 시간마저 빼앗기고 나면, 자신이 낭비한 시간에 대한 후회와 자괴감에 빠진다.

    '숏폼 중독'은 단순히 시간을 소비하는 것을 넘어 여러 문제를 유발한다. 갈수록 더 많은 시간을 요구하고, 다른 일상 활동에 대한 흥미를 감소시키며, 동기 부족과 우울증으로 이어지기도 한다. 또한 삶의 질을 낮출 뿐 아니라, 대인 관계와 의사소통에도 부정적인 영향을 미친다.


## : 고독과 침묵

숏폼 콘텐츠의 급증은 인간이 고독을 느낄 여유조차 사라졌다는 것을 보여준다. 스마트폰만 있으면 심심하거나 고독을 느끼지 않는 시대가 된 것이다. 그러나 고독과 침묵의 부재는 인간다움을 잃어가는 명백한 신호이다. 인간다움은 자기의 내면 깊은 곳에서 확인할 수 있고, 자기의 내면으로 이끌어주는 것은 고독과 침묵이기 때문이다. SNS 또는 숏폼 중독으로 인해 고독을 느낄 수 없게 된 인간은 자기 내면의 깊이를 잃어가고 있다. 불안과 두려움, 불면증과 우울증으로 이어지는 신체와 마음의 병뿐 아니라, 정신적·영적 공허함까지 초래한다.

　이러한 상황에서 잃어버린 고독과 침묵을 되찾는 길은 역설적으로 고독과 침묵 속으로 돌아가는 것이다. 이를 통해 진정한 인간다움을 찾고 영적으로 풍요로운 삶을 이룰 수 있다. 사람들은 '템플스테이', '북스테이', '고독스테이' 등의 프로그램을 통해 외딴곳의 한적하고 고요한 장소를 찾아 자신과 마주하는 시도를 한다.

이는 자신에게 귀를 기울이고 내면의 이야기를 발견하기 위한 노력이다. 이 과정에서 자발적으로 고립을 선택하며 내면의 고독을 체험하는 것이 중요하다. 이러한 고독은 단순히 보상을 추구하는 시간이 아니라, 자기의 내면을 성찰하고 타인과의 관계를 돌아보며, 궁극적으로 하느님과의 일치를 추구하는 침묵의 시간이다.

## : 자발적 고독

『월든』(1854)의 저자 헨리 데이비드 소로는 젊은 나이에 호숫가에 오두막집을 짓고 살면서 자발적 고립을 선택한 사람이다. 스스로 고독을 택한 사람은 외로움을 느끼지 않는다. 고독은 외부와 관계가 단절된 고립이 아니기 때문이다. 깊은 내면의 고독이야말로 성찰과 발견을 통한 내적 풍요로움을 추구할 수 있다.

최근 '디지털 디톡스(Digital Detox)'가 디지털 중독 치유의 대안으로 주목받고 있다. 소셜 미디어에 중독되어 있다고 느끼거나 이를 예방하려는 신앙인들에게는 몇 가지 '고독 체험'을 제안한다.

첫째, 서방교회 수도회의 아버지라 불리는 베네딕토 성인이 은수 생활을 했던 '수비아코 동굴'처럼 마음속에 고독과 침묵의 장소를 만들어, 그곳에서 하느님을 만나고 그분의 말씀을 듣는 시간을 갖는다. 둘째, 성체 앞에서 특별한

◆ 디지털 중독의 치유 방안으로 디지털 디톡스가 주목받고 있다.

◆ 진정한 휴식을 통해 새로운 세상으로 나갈 힘을 얻을 수 있다.

존경을 바치는 신심 행위인 '성체조배'를 실천한다. 셋째, "너희는 따로 외딴곳으로 가서 좀 쉬어라"(마르 6,31)라는 예수님의 권고에 따라 '피정'을 통해 진정한 휴식을 취하고, 삶의 에너지를 회복하며, 새롭게 세상으로 나아갈 힘을 얻는다. 이 외에도 자발적인 고독을 체험할 수 있는 다양한 방법이 있다.

고독을 잃어버린 시대에 고독을 회복하려는 노력은 그자체로 신앙의 행위이다. 고독의 시간은 내면을 깊이 들여다보게 하고 타인과의 관계를 성숙하게 하며 하느님과 일치하는 삶으로 나아가는 의미를 지니기 때문이다.

# 인공지능과
# 종교

## ⦂ 인공지능과 종교

2016년 이세돌 선수와 구글의 딥마인드가 개발한 AI '알파고'와 벌인 바둑 대결은 전 지구적 관심을 끌었다. 이 세기의 대결에서 이세돌 선수의 패배는 전 세계를 놀라게 했고, 인공지능에 대한 인식이 널리 확산되는 계기가 되었다. 2022년 '오픈AI'가 개발한 인공지능 서비스 '챗GPT'의 출시를 계기로 인공지능은 대중의 일상과 사회 각 분야에 자리 잡으며 엄청난 영향을 끼치고 있다.

인공지능, 즉 AI는 종교 영역에도 서서히 도입되면서 다양한 방식으로 적용되고 있다. 따라서 AI에 대한 올바른

◆ 이세돌과 알파고의 대결을 그
린 다큐멘터리 <알파고>(2017)

이해와 상호 관계의 정립이 시급히 요청되고 있다. 과연 종
교는 인공지능과 어떤 관계를 형성하고, 어느 영역까지 허
용해야 하는가?

　여러 학자들의 공통된 견해에 따르면, 인공지능이 인
간의 종교적 상상력과 감수성을 확장하며, 전통적인 종교의
틀을 넘어 창조적이고 혁신적인 종교적 사고를 가능하게 하
는 중요한 촉매제가 될 것이라고 전망한다. 반면에 인공지

능이 종교적 실체를 대체하거나 윤리적·도덕적 문제를 야기시킬 수 있어서 인공지능이 가진 긍정적·부정적 이중성에 신중히 접근해야 한다는 지적도 나오고 있다.


## ⋮ 종교 안으로 깊숙이 들어온 AI


우선, 종교와 관련된 AI는 세 단계로 구분할 수 있다. 첫 번째 단계로, 종교적 지식이나 의례의 실행을 흉내 낼 수 있는 '약한 AI'다. 이는 종교적 신앙과 실천에 유용한 도구 수준에 해당한다. 방대한 양의 종교 문헌과 경전을 분석·해석할 수 있고, 새로운 관점을 제시할 수 있다. 더 나아가 특정 개인의 형편과 처지에 맞는 신앙 상담이나 교육에 사용할 수 있고, 성경과 교리 내용을 쉽게 가르치고 일반적인 질문 응답 체계를 구축하는 데도 유용할 것이다.

또한 AI는 종교적 예식을 위한, 상호 소통하는 플랫폼을 제공하여 여러 의식에 참여하고 개인적인 영적 체험도 가능하게 할 것이다. 실제로 다양한 'AI 성직자'의 출현이 그 구체적인 사례이다. 일본에서는 로봇 스님, 스위스에서는 AI 챗봇 신부, 독일에서는 AI 목사 등을 실험적으로 도입하여 신자들과 대화하고 학습하며 설교를 진행하고 있다. 우리나라에서는 개신교 플랫폼 '초원 AI', 불교 플랫폼 '마애부처님 AI', 그리고 가톨릭 전용 'AI Magisterium'가 있다. 그만큼 AI가 종교 안으로 깊숙이 들어와 있는 것이다.

종교적인 AI의 두 번째 단계는 의식이나 자율성을 가지면서 종교적 지식이나 의례를 실제로 행할 수 있는 '강한 AI' 혹은 '범용 AI'다. 학자들은 2075년까지 AI가 인간 수준의 지능을 가진 단계로 진화할 것으로 예측하고 있는데, 그 가능성을 구십 퍼센트로 보고 있다.

세 번째 단계의 종교적인 AI는 가장 강한 신적인 AI로서 종교적 신앙의 대상으로 간주되고, 인공지능을 신으로 믿는 'AI 종교'이다. AI가 종교 활동에서 주체적이고 필수적인 위치를 차지하게 되면 그것은 단순히 우상에 머물지 않을 것이다. 따라서 AI가 미래에 인간을 뛰어넘는 존재가 된다 하더라도 인간이 할 수 없는 일을 해내는 것이 아니라 인간이 하고 있는 일에 대한 보완책을 제공하는 차원에서 지속적으로 관계를 맺는 것이 바람직하다 할 것이다.

AI가 종교에 다양하게 활용되면서 편견이나 차별, 왜곡, 새로운 해석 등의 문제가 파생될 수 있다. AI가 인간의 신앙이나 영혼을 대체하거나, 신의 존재나 종교의 가치를 부정하거나, 사이비 종교를 만들거나, 종교 갈등을 야기할 수 있는 것이다.

또한 막강한 인공지능이 대화형으로 더욱 발전할수록 신자들조차 하느님께 묻거나 대화하지 않고 인공지능에 묻고 대화할 가능성이 많아진다. AI를 신격화하거나 우상화할 우려가 있음을 기억해야 한다. 특히 현재 진행되고 있는 AI에 대한 과도한 의존은 종교 공동체의 전통적 연대감을 약화시키고, 인간 고유의 영적 상상력을 점진적으로 제약할 위험성도 존재한다.

## ⋮ AI는 공동선을 위해 봉사해야

비약적으로 발전하는 AI가 종교에 새로운 가능성이 될지 아니면 위기가 될지 논란의 여지가 있는 가운데 종교계는 긴장의 끈을 놓지 않고 있다. AI가 가져올 편리함과 편의성

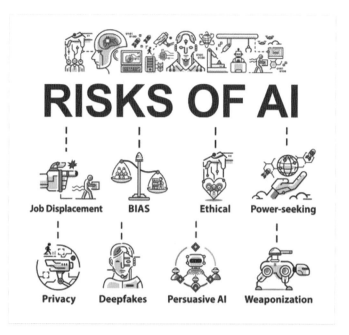

◆ AI의 위험성에 대해서는 늘 경계해야 한다.

으로 인해 우리의 일상에 깊숙이 들어와 많은 긍정적인 변화를 일으키는 반면에, 예견하거나 통제할 수 없을 만큼 악용될 수도 있다는 우려가 있기 때문이다. 가짜 뉴스나 딥페이크, 또는 악성 코드를 확산시켜 사회 혼란을 야기할 위험성이 있는 것이다.

이러한 AI의 위험성을 대처하기 위해 프란치스코 교황

은 기회가 있을 때마다 세계 지도자들에게 인공지능의 개발을 규제하고 윤리적 사용을 보장하는 국제조약의 채택을 촉구해왔다. 또한 인공지능이 인간 존엄성을 침해하지 않고 공동선을 위해 봉사해야 함을 강조해왔다. 결국 AI 시대에 가져올 새로운 변화가 인류에게 축복이 될지 아니면 재앙이 될지는 결국 하느님이 선물로 주신 인간의 지혜에 달려 있다고 하겠다.

# 챗GPT와
# 슬기로운 신앙생활

**5**

## : 챗GPT의 등장

인공지능 텍스트 생성기인 챗GPT가 처음 나왔을 때 너무
나 신기해서 당장 시험해보기로 했다. "사순 제1주일 가해
강론을 써줘." 몇 초도 지나지 않아 A4 용지 한 쪽을 가득
채운 강론이 만들어졌다.

처음에는 구글 한국어 번역기를 활용했는데 자꾸 오류
가 발생해서 영어로 입력했더니 곧바로 결과를 얻을 수 있
었다. 내용이 기승전결에 따라 상당히 논리적이고 포괄적
이었지만, 깊이나 삶의 구체적인 사례가 부족해 다소 밋밋
하게 느껴졌다.

챗GPT는 강론을 준비하는 사제들에게 성경 주석이나 해석 자료를 정리하는 데 유용한 도구가 될 수 있을 것이다. 실제로 챗GPT가 앞으로 지속적인 학습을 통해 진화를 거듭한다면 웬만한 주일 강론도 대신할 수 있을지 모른다.

챗GPT는 대량의 데이터를 학습해 사람처럼 생각하고 판단하도록 설계된 초거대 인공지능 대화형 챗봇이다. 사용자의 질문에 해당하는 답을 생성해내는 서비스이다. 2022년 11월 30일 첫 공개 후 불과 두 달 만에 사용자가 일억 명을 돌파할 정도로 전 세계적인 관심을 받으며 계속 진화하고 있다.

"인터넷만큼 중요한 발명"으로 불리는 챗GPT의 활용 가능성은 무궁무진하다. 챗GPT는 텍스트뿐 아니라 음성, 시각 정보를 생성하여 제공한다. 특히 최근 공개된 동영상 생성 'AI 소라(SORA)'는 다양한 영상을 만들어낼 수 있다. 더욱 발전한다면 인간의 명령 없이도 스스로 판단하여 학습하고 문제를 해결하는 능력을 갖춘 범용인공지능(AGI)이 될 것이다.

## ⋮  챗GPT와 신앙생활

그렇다면 챗GPT가 종교와 신앙생활에는 어떤 영향을 미칠 수 있을까? 신앙인들은 이를 어떻게 슬기롭게 활용할 수 있을까? 검색에 익숙한 신앙인들은 이제 성경과 교리에 관해 챗GPT와 대화를 나눌 것이다. 과거에는 신학이나 신앙 관련 질문을 인터넷에서 검색하면 방대한 사이트와 자료가 쏟아져 나와 적절한 자료를 찾기 힘들었고, 설사 찾더라도 정리하는 데 많은 시간과 노력이 들었다.

반면 챗GPT는 엄청난 양의 정보를 종합·정리해서 제공함으로써 시간을 효율적으로 사용할 수 있도록 해준다. 또한 신앙 대화와 상담까지 가능하다. 물론 아직까지는 그 깊이가 부족해서 전문 상담가 수준에는 이르지 못하지만, 성직자와 직접 접촉하기 어려운 신자들에게는 편안하게 신앙 상담을 할 수 있는 도구가 될 수 있다. 제대로만 사용한다면, 현대 사회의 복잡한 윤리적 상황과 자주 맞닥뜨리는 신앙인들이 올바르게 판단하고 행동할 수 있도록 하는 데 큰 도움을 줄 수 있을 것이다.

그러나 챗GPT 역시도 긍정적인 영향을 미칠 수 있는

도구인 동시에 여러 한계와 문제점도 지니고 있다. 챗GPT는 다른 미디어와 마찬가지로 중독성이 있다. 챗GPT와 끊임없이 대화하다 보면 자칫 소진된 인간, 도구에 종속된 인간이 될 수 있다. 신앙인에게 챗GPT 중독은 하느님으로부터 멀어지는 부작용을 초래할 수 있다.

또한 챗GPT는 인간과 나누는 인격적인 대화와 친교를 대신할 수 없다. 인간관계 형성, 유지, 심화를 돕는 도구일 수는 있지만, 서로의 이해와 공감, 연대감이라는 관계적 자원을 제공하지는 못한다. 특히 챗GPT는 혐오와 편견, 가짜뉴스 등을 확대 재생산할 가능성도 내포하고 있다. 이는 타인을 기만하거나, 타인의 삶을 파괴하는 데 악용될 소지가 있다.

◆ 챗GPT를 비롯한 다양한 인공지능 챗봇은 종교와 신앙생활에 커다란 변화를 불러올 것으로 전망된다.

## ：챗GPT의 양면성

아무리 좋은 기술이나 인류의 위대한 발명품이라도 양면성을 지닌다. 챗GPT가 인류의 지식과 경험을 풍요롭게 하는 최첨단 기술이 될 것인지, 아니면 인간의 욕망에 의해 통제되지 않고 하느님의 영역을 넘보는 바벨탑이 될 것인지는 결국 인간의 손에 달려 있다. 챗GPT가 엄청난 파급 효과를 불러일으킬 것으로 예상하는 만큼, 교회는 이를 신학적·윤리적으로 분석하고 깊이 있는 정책 연구와 대책을 마련해야 한다.

2020년에 이미 교황청은 교황청 생명학술원이 추진한 '2020년 인공지능 윤리를 위한 로마 선언(2020. 2. 28.)'을 통해 AI 활용의 윤리적 원칙을 제시한 바 있다. 이 선언은 여섯 가지 윤리적 원칙을 통해 자유와 존엄성을 보호·보장해야 한다는 점을 강조한다. 이는 챗GPT 시대에도 마찬가지로 중요한 지침이 될 것이다.

챗GPT는 신앙생활에 있어 커다란 가능성인 동시에 신중한 활용을 요구하는 도구이다. 기술의 올바른 사용을 통해 신앙과 삶의 조화를 이루는 지혜가 무엇보다 필요하다고 하겠다.

## 챗GPT

챗GPT(ChatGPT)는 미국의 인공지능 연구소인 '오픈AI'가 개발한 프로토 타입 대화형 인공지능 챗봇이다. 챗GPT는 '대화하다'를 뜻하는 Chat과 Generative Pre-trained Transformer(GPT)의 합성어이다. 챗GPT는 2022년 11월 프로토 타입으로 시작하였으며, 다양한 지식 분야에서 자세한 답변을 함으로써 크게 주목받았다. 그렇지만 지식의 정확도나 맞춤 정도는 아직까지는 미흡한 부분이 있는 것으로 평가받고 있다.

챗GPT는 인간과 유사한 문자를 생성하는 뛰어난 기능을 입증했지만 학습 데이터에 존재하는 편견이나 일방적인 견해를 쉽게 답습하고 그것으로 증폭 또는 축소활 수 있다. 이는 인종, 성별, 종교, 학력, 계급, 언어, 직업, 지역, 문화 등에 따른 다양한 견해와 태도 등으로 인해 허위 진술이나 부당한 태도로 나타날 수 있기에 사용자는 상당한 주의를 필요로 한다.

# 메타버스,
# 교회의 기회인가?

**6**

## : 메타버스라는 새로운 세상

매년 성소주일에는 각 교구 신학교에서 다채로운 행사가
열린다. 예비 신학생들뿐만 아니라 본당 주일학교 학생들
과 복사들이 참여해 성소에 대해 깊이 생각할 수 있는 분위
기를 제공한다. 주목할 일은, 지난 코로나19 당시 성소주일
행사에서 '메타버스(Metaverse)' 활용을 시도했다는 점이다.

　메타버스는 '초월'을 뜻하는 'Meta'와 세계·우주를 의미
하는 'Universe'가 결합한 신조어로, 현실 세계처럼 사회·경
제·문화 등 다양한 활동을 경험할 수 있는 3차원 가상세계
를 의미한다. 바꾸어 말하면, 현실 세계와 가상 세계가 융합

된 새로운 형태의 인터넷이라고 하겠다.

성소주일 행사의 단골 이벤트로 자리 잡은 '수단 입어 보기' 코너에 메타버스 기술 접목이 시도되었다. 예비 신학생들이 가상세계에서 수단을 입어보고, 언젠가 거닐 교정을 미리 간접적으로 체험했다. 또한 메타버스 내 여러 장소에 숨겨진 유튜브 방송을 찾아 시청하는 체험도 진행하였다. 팬데믹으로 멈추었을 성소주일 행사가 메타버스를 활용하면서 한층 진일보한 모습을 보여주었다.

이 외에도 교회 안에서는 메타버스를 활용한 다양한 사례들이 생겨났다. 바티칸 박물관은 가상현실로 구현된

◆ 서울 시그니스 세계총회에 구현된 가상 성당(2022)

◆ 해미국제성지에 설치된 증강현실 포토존

'박물관 관람 투어'를 제공하였고, 해미국제성지는 프란치
스코 교황과 가상으로 만나 사진과 영상을 찍을 수 있는 '증
강현실 포토존'을 마련해놓고 있다.

또한 2022년에 개최된 '서울 시그니스 세계총회(가톨릭
커뮤니케이션 분야)'에서는 메타버스를 통해 각 나라의 가톨릭
콘텐츠 전시관, 3D로 구현한 성지순례관, 자선기금을 모금
하는 평화관, 전 세계 가톨릭 커뮤니케이션 종사자들이 모
이는 총회관 등을 선보였다.

앞으로 교회는 메타버스 안에서 복음 선포와 신앙생활

을 위한 무한한 가능성을 열어갈 것으로 기대된다. 메타버스는 디지털 가상 세계에서 게임을 통해 이미 익숙해져 있다. 우리는 이미 인터넷, 유튜브, 페이스북, 인스타그램, 블로그, 트위터 등 가상공간에서 이미지와 문자, 동영상으로 활동하고 있다. 메타버스가 우리 삶의 일부가 되어 있는 것이다.

여기에 증강현실과 가상현실이 결합되고, 또 하나의 삶(second life)을 누릴 수 있는 나의 아바타가 등장해 쌍방향 교류와 소통이 이루어진다면, 말 그대로 신세계가 열리는 것이다. 이러한 '가상의 신세계'는 가까운 미래에 교회의 존재 양식에도 급진적 변화를 가져올 것이다. 더욱이 최근 급성장하고 있는 인공지능과 결합한다면 메타버스의 활용은 더욱 일상화될 것이다.


## : 메타버스가 가져올 미래

모든 미디어가 하느님께서 인간에게 주신 선물이라면, 메타버스도 하느님의 선물이다. 교회가 메타버스를 잘 활용한다면 선교와 사목에 큰 도움이 될 수 있다. 예를 들어 시간과 공간의 제약을 넘어 성경 지식을 전달하거나, 현실에서는 불가능한 3차원 체험을 통해 신앙의 의미를 생생하게 전할 수 있다. 빵의 기적을 가상으로 체험하거나, 다양한 감각적 효과를 활용한 신앙교육으로 흥미를 더할 수도 있다.

또한 신앙교육을 게임과 접목해 흥미와 집중도를 높이고, 상호작용을 통한 쌍방향 학습도 가능하다. 병실에 있는 중환자나 여행 중인 신자가 자신의 아바타로 가상 성당의 미사에 참여하여, 하느님의 말씀을 듣고 성가를 부르며 가상의 성체를 받아 모시는 날이 올지도 모른다. 물론 성체성사는 물리적 현실에서 대면으로 이루어져야 한다는 점에서 메타버스 안에서는 신령성체에 국한되는 한계가 있다.

메타버스는 아직 초기 단계에 있어 교회 선교나 사목을 위한 도구로 활용하는 수준에 불과하다. 하지만 교회 가르침을 훼손하지 않는 범위 내에서 메타버스라는 새로운 기술과 문화를 다양한 방식으로 받아들여 활용할 필요가 있다. 메타버스는 가상공간에서 비대면 활동을 가능케 하면서도, 그 안에서 관계를 맺은 사람들이 다시 현실 교회에 참여하도록 이끄는 다리가 될 수 있기 때문이다. 이제 교회는 메타버스를 잘 활용하여 하느님 나라를 확장하고 복음화를 실현하기 위한 지혜를 모아야 할 때다.

# 온라인 문화사목과
# 새로운 복음화

**7**

## ⠿ 교회와 코로나19

코로나19 당시, 전 세계 사망자 수가 천만 명을 넘어섰다는 소식은 우리를 깊은 우울감에 빠뜨렸다. 감염자가 폭증하면서 불안감과 두려움이 확산되었다. K-방역으로 전 세계적인 주목을 받은 우리나라도 집단감염이 계속 발생했고, 감염 경로가 불분명한 이른바 '깜깜이' 환자가 증가했다. '사회적 거리두기' 상황에서 종교시설 운영 제한으로 인해 종교계 전체가 불편과 불안을 경험했다.

집단감염 추세가 점차 수그러들면서 다시 미사를 봉헌하고 단체 활동과 모임을 조금씩 시작하던 때에도, 만약 상

◆ 팬데믹으로 인한 교회의 '사회적 거리두기'

황이 다시 악화되어 '사회적 거리두기'로 회귀한다면 교회는 큰 타격을 입을 것이라 우려했다. 당시 미사에 참여하는 신자 수는 이전의 절반 수준으로 줄어들었고, 본당 행사나 프로그램도 대부분 중단된 상태여서 교회 공동체의 활기를 기대하기 어려운 상황이었다.

그런 상황에도 불구하고 교회는 복음화 사명을 이어가며 신앙생활을 지속해야 했다. 모든 것을 멈추고 중단하는 상태가 장기화될 수는 없었다. 과거로 돌아갈 수 없는 강을 이미 건넜음을 인정하고, 코로나 시대를 살아가는 새로운 방법을 찾을 수밖에 없었다. 교회도 코로나와 공존해야 한다는 현실을 받아들이고 이를 바탕으로 신앙생활을 지속할 수 있는 새로운 길을 모색해야 했다. 새로운 예비신자를 입교시키고, 소공동체 모임이나 단체 활동을 이어가며, 여러 성사 집행과 교육, 친교를 코로나 시대에 맞게 실천했다.


## ⠶ 접촉에서 접속으로


코로나19와 같은 전대미문의 재난에 맞설 적절한 교회의 대안은 성 요한 바오로 2세 교황이 1983년 남미 방문 중 주창한 '새로운 복음화'가 아닐까 한다. 교황에 따르면, '새로운 복음화'는 '새로운 열정', '새로운 방법', '새로운 표현'이라는 세 가지 특징을 가지고 있다. 교회가 이 세 가지를 제대로 실천한다면 새로운 시대 변화의 도전은 오히려 기회가 될 수 있다.

　먼저 '새로운 열정'이 필요하다. 코로나19 상황으로 인해 여러 교회 활동이 중단되었다고 해서 아무것도 할 수 없는 것은 아니다. "미치지 않으면 미치지 못한다"는 뜻의 '불광불급(不狂不及)'처럼 뜨거운 열정이 있다면 재난과 같은 위기 상황에서도 새로운 방법과 아이디어를 창출할 수 있지 않을까?

디지털 시대의 '새로운 방법'은 '접촉 대신 접속'이다. 형식적 관계의 물리적 접촉보다 진정한 관계를 이어주는 비대면(온라인) 접속이 디지털 시대 교회 공동체를 위한 새로운 방법이 될 수 있다. 디지털 문화가 비대면 접속을 가속화 하면서 연결과 소통을 강화하는 '온라인(online)' 문화가 주목받고 있다. 온라인 수업, 화상회의, 온라인 공연 등은 온라인 문화의 대표적인 사례이다.


## : 온라인 문화사목

사람과 사람, 사람과 집단을 이어주는 디지털 문화사목, 특히 '온라인 문화사목'은 개인, 단체, 그리고 교회 전체의 소통과 교류를 활성화하며 새로운 복음화를 실현할 수 있는 중요한 사목 패러다임으로 자리 잡고 있다. 앞으로 교회는 면대면 소통에 의존하던 오프라인 사목뿐 아니라 온라인 소통도 활용하는 상호통합 사목을 추구해야 한다. 그러나

 **상봉동성당**

@상봉동성당 · 구독자 557명 · 동영상 467개

천주교 서울대교구 상봉동성당 유튜브 채널입니다. ...더보기

구독

홈   동영상   Shorts   라이브   재생목록   게시물

(2025 03 16) 사순 제2주일 강론 : 김민수 이냐시오 주임신부님

조회수 41회 · 10일 전

2025년 3월 16일 교중미사 강론

◆ 상봉동성당 유튜브 채널

이 과정에서 디지털 접근성이 부족한 소외 계층이 배제될 수 있으며, 빈부격차가 구조적으로 확대될 위험이 있다는 점도 유념해야 한다.

예전에 사목했던 본당에서는 팟캐스트를 개설해 강론, 특강, 본당 행사, 단체 소개, 행복 초대석, 책 읽어주는 신부 등 여섯 개 채널을 운영한 바 있다. 현재 사목하는 본당에서도 주일강론이나 특강 등의 동영상을 본당 홈페이지와 유튜브 채널에 업로드하여 본당 신자들에게 긍정적인 반응을 얻고 있다. 스마트폰에 설치된 본당 애플리케이션을 통해 팟캐스트 알림이 울리면, 새로운 콘텐츠가 업데이트되었음을 알 수 있다. 이처럼 본당 신자들이 어디에 있든 한 순간에 모두 연결될 수 있다. 하느님 안에서.

## 침묵

디지털 문화 안에서 침묵을 찾는 힘은 집중과 경청의 중요성을 높여 줍니다. … 이러한 때에 '침묵'은 '디지털 디톡스'에 비유될 수 있으며, 단순한 물러남이 아니라 오히려 하느님과도 다른 이들과도 더욱 깊은 관계를 맺는 길입니다.

- 「충만한 현존을 향하여」 39항 중에서

# 온라인 문화의
# 명암

**8**

코로나19 시기에 방역 수칙으로 인해 사회적 단절이 심해
졌고, 이 단절을 해결하기 위한 대안으로 '온라인(비대면) 문
화'가 확산되었다. 코로나19 이전에도 이미 '불편한 소통'을
피하고 '선택적 단절'을 선호하는 세대들이 온라인 인프라
를 기반으로 비대면 소통 문화를 형성하고 있었다.

그런데 코로나 이후에도 번거롭고 불편한 물리적 접촉
을 피하면서 편리하게 소통할 수 있는 온라인 문화가 사회
구조의 패러다임을 변화시키고 있다. 재택근무, 온라인 수
업, 화상회의, 온라인 공연 관람, 온라인 쇼핑, 원격의료 등
다양한 형태의 비대면 활동이 가속화되고 있다. 이러한 온
라인 산업과 문화는 4차 산업혁명의 발전과 함께 더욱 확장

될 것으로 예상된다.

온라인 문화의 특징은 즉시성과 편리성, 그리고 비접촉성이다. 언제 어디서든 쉽고 편리하게 접속할 수 있으며, 물리적 접촉 없이도 즉각적인 피드백을 통해 소통이 이루어진다. 온라인 쇼핑과 비대면 금융은 이미 일상화되었고, 온라인 수업도 초기 시행착오를 극복하고 체계적인 피드백이 가능할 만큼 발전했다.

비대면으로 수많은 사람이 시공간의 제약 없이 참여할 수 있어 현장 공연과 콘서트, 온라인 추모 및 성묘 서비스도 활발히 이루어지고 있다. 그러나 이러한 온라인 문화의 장

◆ 온라인 문화는 사회 구조의 패러다임을 변화시키고 있다.

점에도 불구하고 단점 또한 무시할 수 없다.


## ⋮ 온라인 문화의 빛과 그늘


온라인 문화는 물리적 접촉의 부정적 문제를 극복하고 사회적 관계와 소통을 이루어주는 장점이 있지만, 동시에 여러 구조적이고 일상적인 문제를 초래한다.

첫째, 온라인 문화를 가능하게 하는 디지털 기기와 가상공간, 그리고 온라인 소통에 과몰입하면서 각자가 디지털 격자 안에 갇히는 상황이 더욱 심화되고 있다. 직접 만남과 대화를 기피하고 SNS 소통에 의존하거나, 디지털 문화의 어두운 영역인 온라인 게임, 도박, 포르노에 노출되는 경우가 많아지고 있다.

현실 생활에서 겪는 우울감과 불안감을 피하기 위해 디지털 접속 시간이 증가하면서 디지털 과의존 현상이 심화되고 이로 인한 수면 장애 등의 신체적·심리적·정신적 폐해가 심각해지고 있다. 현실로부터 디지털 공간으로 도피하여 스스로 갇혀버리는 문제이다.

◆ 온라인 쇼핑의 이면에는 택배·배송 노동자의 땀과 눈물이 감추어져 있다.


둘째, 온라인 문화는 고통받는 타인에 대한 무관심과 혐오를 증폭시키고 있다. 대표적인 예로, 비대면 생활의 큰 부분을 차지하는 택배·배송 노동자를 들 수 있다. 온라인으로 쉽게 주문하고 기다리기만 하면 되는 편리함 뒤에는 과로로 매일 생명을 위협받는 택배·배송 노동자의 땀과 눈물이 존재한다. 과로사하는 택배·배송 노동자가 계속 발생하고, 또한 배달 노동자 전반에 해당하는 여러 종류의 문제가 이어지고 있다.

셋째, 온라인 문화는 환경오염을 가중하고 있다. 배달

주문이 늘면서 포장지, 일회용 컵, 비닐, 플라스틱 등 재활용 쓰레기가 폭증하고 있다. 이는 기후 위기와 환경오염을 심화시키고, 생태계 파괴와 지구온난화를 가속화 하며 지구의 생명을 위협하고 있다. 신음하는 지구에 더 많은 쓰레기를 추가한다면, 지구의 수명은 더욱 짧아질 것이다.

온라인 문화의 명암은 교회와 신앙생활에도 그대로 적용된다. 온라인 미사와 사목 활동은 편리한 신앙생활을 가능하게 하지만, 전례와 성사의 물리적 현존, 대면의 결핍이라는 한계도 동시에 드러낸다. 따라서 교회는 사회와 삶 속에 깊이 스며든 온라인 문화의 복음화에 관심과 실천을 기울여야 한다.

제 2 부

위기의 문화 :
성찰과 회복

# 죽음의 문화를 넘어
# 생명의 문화로

**1**

## : 죽음의 문화는 어디에서 오는가

요즘 우리 사회에는 새로운 죽음의 문화가 난무하고 있다. 낙태, 자살, 안락사, 사형, 배아줄기세포 등 기존의 죽음 문화는, 오랜 기간 생명을 경시하는 풍조를 만연시켜왔다. 지금도 자살률 증가를 초래할 수 있는 '의사 조력 존엄사법' 제정이나 낙태법 폐지를 둘러싼 찬반 논쟁으로 사람들의 의견이 갈라져 있어 생명의 존엄성이 심각하게 훼손될 우려가 있다.

이러한 기존 죽음 문화에 더해 시대가 변하면서 아동학대, 디지털 성폭력, 혐오, 갑질, 인종차별, 성차별, 생태파

◆ 아동학대와 디지털 성범죄는 해가 갈수록 심각해지고 있다. 이 문제에 대한 근본적인 해결책을 마련해야 한다.

괴 등 새로운 죽음의 문화가 우리 사회를 더욱 위험으로 몰아가고 있다.

특히 아동학대와 디지털 성범죄는 반생명적이고 반인권적인 문제로, 해가 갈수록 심각해지고 있다. 두 가지 문제는 경제적 불평등과 아동 양육의 양극화라는 구조적 배경과 깊이 맞닿아 있다. 대부분의 아동학대는 취약 계층의 부모나 학대의 대물림을 받은 부모에 의해 이루어진다.

학대받는 아이들은 부모에게서 받을 수 없었던 사랑과 관심을 온라인 게임이나 스마트폰에 지나치게 의존하며 대체하려는 경향을 보인다. 이러한 디지털 과의존이나 중독은 어린 시절부터 정상적인 뇌 발달을 저해할 수 있다. 어쩌면 '텔레그램 n번방 사건'과 같은 디지털 성범죄는 이러한 배경에서 사회적 악으로 드러난 것인지도 모른다.

죽음의 문화는 서로 긴밀하게 연결되어 있다. 부의 불평등은 취약 계층의 부모를 만들고, 그 부모는 아이를 학대하며, 학대받은 아이는 디지털 중독으로 성장하게 된다. 그리고 이 아이들은 청소년기나 청년기에 사회적 범죄자 혹은 가해자로 낙인찍힐 가능성이 커진다.

이러한 악순환을 이해할 때, 가해자라고 불리는 이들도 사실은 구조적 연결고리의 피해자이자 희생자라는 사실을 인식해야 한다. 아동학대나 디지털 성범죄를 막기 위한 처벌이나 예방 교육도 중요하지만, 이 악순환의 고리를 끊는 근본적인 치유 없이는 새로운 형태의 범죄행위가 끊임없이 나타날 것이다.


## : 혐오를 넘어 환대로

'혐오'라는 말은 이제 우리 사회에서 흔하게 쓰는 단어가 되었다고 해도 과언이 아니다. 혐오는 기본적으로 '싫어하고 미워함'이라는 뜻인데, 오늘날에는 그 대상이 매우 광범위해지고 있다는 점에서 심각하다고 하겠다.

성차별, 인종차별, 소수자 차별, 갑질 등이 모두 혐오의 범주에 속하며, 이는 '차별과 배제의 정치학'을 통해 서로 연결되어 있다. 서구의 근대 이성이 만들어낸 '동일성의 원칙'이 역사 속에서 각종 억압, 차별, 배제라는 기형아를 낳았음을 기억해야 한다.

여성 혐오는 2016년 강남역 인근에서 한 남성이 아무 관련 없는 여성을 무참히 살해한 사건 이후 사회적 이슈로 부각되었으며, 페미니즘 논쟁으로 활발하게 이어지고 있다. 여성 혐오의 이면에는 우리 사회에 이미 만연해 있는 이슬람 혐오, 난민 혐오, 이주노동자 혐오, 동성애자 혐오 등 다양한 혐오 현상이 도사리고 있다. 이런 혐오가 사회적 갈등과 대립, 심지어 폭력의 원인으로 작용하고 있음도 인식해야 한다.

차별, 배제, 폭력으로 이루어진 죽음의 문화는 결국 인간 생명을 경시하고, 자본과 권력이 득세하는 비극적 사회를 만들어간다. 이러한 새로운 죽음의 문화에 대한 적극적이고 효과적인 대안은 '타자에 대한 무조건적 환대'이다.

타자의 윤리학을 정립한 프랑스 철학자 엠마누엘 레비나스는 "타자의 얼굴"에 응답하고 조건 없이 타자를 만날 때 사랑과 생명의 문화가 가능하다"고 말한다. 프란치스코 교황님의 회칙 『모든 형제들』(2020) 역시 "보편적 형제애와 사회적 우애 정신을 통해 이주민, 난민, 사회적 약자를 무조건적으로 환대할 것을 권고"한다.

'장벽의 문화'가 아닌 '만남과 대화의 문화'를 통해 이들

◆ 제105차 세계 이주민과 난민의 날(World Day of Migrants and Refugees, 2019.9.29)을 맞아 이민자와 난민에 대한 관심을 촉구하고자 바티칸 성 베드로 광장에 이들을 형상화한 조각상이 세워졌다.

을 수용하고 하나 되기를 촉구한다. 개인적인 형제애뿐 아니라 연대를 통한 사회적 우애를 실천할 때, 죽음의 문화에서 사랑과 생명의 문화로 전환될 가능성이 열릴 것이다. 우리 사회가 어려운 이웃을 향한 나눔과 돌봄으로 연대하여, 배제되고 소외되는 이들이 없는 생명의 문화를 함께 만들어가기를 희망한다.

# 1인 가구 시대의 비극,
# 고독사

**2**

## : 인간관계의 소중함

본당에서 매일미사를 참례하며 열심히 봉사하던 한 자매가 어느 날부터인가 도통 보이지 않았다. 수소문 끝에 알게 된 사실은, 그녀가 살고 있던 아파트 바로 아래층의 독거노인이 홀로 돌아가셨는데, 몇 달 동안 주검이 방치되면서 발생한 좋지 못한 냄새가 바로 위층에 살고 있는 자매에게까지 영향을 미쳤다.

처음에는 이 역겨운 냄새가 어디에서 나는지 한참을 찾다가, 결국 아래층에 살던 분의 고독사로 인해 발생했음을 알게 되었다. 냄새의 근원을 알게 된 자매님은 남편이 출근한 후 퇴근 때까지 혼자 집에 있는 것이 너무 두려운데다 냄새도 견디기 힘들어서 출가한 딸의 집에서 한동안 지내는 고통을 겪어야 했다. 몇 달이 지난 후 어쩔 수 없이 자신의 집으로 돌아올 수밖에 없었던 자매는 집 내부 인테리어를 새롭게 단장하고 집 축복을 받은 뒤 새로운 마음으로 지내게 되었다.

영화 〈기생충〉에서 냄새는 두 계층을 극명하게 나눈다. 반지하의 퀴퀴한 냄새가 몸에 밴지도 모른 채 살아가는 가족이 있는가 하면, 최고급 향수와 방향제 향기 속에서 살아가는 또 다른 가족이 있다. 냄새의 차이는 '가진 자'가 '못가진 자'를 차별하고 배제하는 통제 수단이 된다.

그런데 고독사하여 방치된 주검이 풍기는 좋지 못한 냄새에는 계층의 차이나 차별이 존재하지 않는다. 고독사는 계층을 가리지 않고 일어나기 때문이다. 가진 자라 하더라도 가족이나 이웃과 단절된 채 주변의 돌봄 없이 홀로 살다 보면 고독사를 맞이할 수 있다. 고독사는 인간관계의 결여에서 비롯된다.

## : 고독사가 늘어나는 이유

고독사는 홀로 살다가 홀로 쓸쓸히 맞이하는 죽음을 말한
다. 이는 사회적 고립의 극단적 현상이다. 우리나라에서는
2013년부터 고독사로 인해 백골이 된 고인들이 자주 발견
되고 있는데, 이로 인해 고독사는 더 이상 남의 문제가 아니
라 내 주변 또는 나와 연관된 일로 체감되고 사회 전체의 문
제로 인식되고 있다.

과거에 고독사는 독거노인에게 집중되었지만 최근에
는 저소득층과 고소득층, 젊은 층과 노년층을 가리지 않고
일어난다. 이는 1인 가구의 증가 때문이다. 혼자 살며 사
람과의 교류가 감소하면서 우울증, 좌절, 절망, 암담함 등
을 느끼는 사람들이 많아지고 있다. 이러한 현상은 경제적
취약 계층에 더욱 큰 타격을 입히며 고독사를 증가시키고
있다.

통계청의 인구주택총조사 자료에 따르면, 2023년 1인
가구는 35.5퍼센트로 가구 중 가장 많고, 무연고자 사망자
는 2018년 2,447명에서 2022년 현재 4,842명으로 최근 5년
동안 98퍼센트 증가했다. 실제 고독사 건수는 통계보다 더

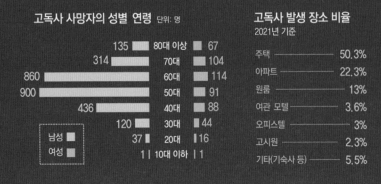

| 고독사 사망자의 성별 연령 단위: 명 | | |
|---|---|---|
| 남성 | 연령 | 여성 |
| 135 | 80대 이상 | 67 |
| 314 | 70대 | 104 |
| 860 | 60대 | 114 |
| 900 | 50대 | 91 |
| 436 | 40대 | 88 |
| 120 | 30대 | 44 |
| 37 | 20대 | 16 |
| 1 | 10대 이하 | 1 |

| 고독사 발생 장소 비율 2021년 기준 | |
|---|---|
| 주택 | 50.3% |
| 아파트 | 22.3% |
| 원룸 | 13% |
| 여관 모텔 | 3.6% |
| 오피스텔 | 3% |
| 고시원 | 2.3% |
| 기타(기숙사 등) | 5.5% |

◆ 고독사 연령별 통계와 장소(통계청, 2021)

많을 것으로 추정한다.

　고독사 현장을 연구한 한 연구원은 고독사의 사회적 원인 몇 가지를 지적한다. 첫째, 특정 지역의 조건이 고독사와 연관되어 있다. 오래된 다가구주택이 있는 골목길, 고시원과 쪽방이 밀집된 지역, 영구임대아파트 단지 등에서 고독사가 많이 발생한다. 둘째, 삶의 조건이 급격하게 몰락한 것이 고독사의 주요 원인으로 작용한다. 고독사의 높은 비율을 차지하는 사람들은 사회안전망이 부족한 비정규직 노동에 종사하는 중장년층인데, 이들이 건강과 일터를 잃는 순간 급격히 삶의 조건이 무너져 숨지는 사례가 많다. 셋째, 고독과 외로움, 배고픔과 질병에 대한 도움을 거부하는 자기 방임이다. 스스로 자신을 방치하고 불결한 환경에서 생활하다 보니 주변에서 낙인과 질타의 대상이 되고, 고립이 악순환을 거듭하게 된다.

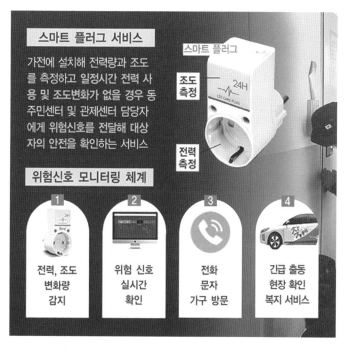

◆ 고독사를 예방하기 위한 '스마트 플러그' 서비스

## ⠿ 교회는 무엇을 할 수 있을까?

고독사는 우리 사회가 위험사회로 치닫고 있음을 나타내는 지표라 할 수 있다. 2024년 3월부터 시행된 '고독사 예방 및 관리에 관한 법률'에 따라 고독사 예방이 제도화되었음에도, 1인 가구가 빠르게 증가하면서 돌봄 없이 홀로 숨지는 사례는 계속 늘어날 것으로 전망된다. 고독사 위험을 예방하고 관리하기 위한 정부의 정책도 중요하고, 교회 역시 고독사에 깊은 관심을 갖고 사목 차원에서 적극적인 대처를 보여주어야 한다.

고독사 예방책의 하나인 '스마트 플러그'를 이용한 인공지능 돌봄 서비스도 주목할 만하다. 인간관계의 기본인 '감정'을 제공할 수 없는 것이 아쉽지만 말이다. 디지털 문화의 편리함을 잘 활용하는 것도 필요하겠지만, 근본적인 인간관계는 아날로그적 신뢰와 우정과 사랑이 교류되면서 이루어진다.

교회는 복지 사각지대에 놓인 이들에게 다양하고 지속적인 돌봄 시스템을 구축하고 실천해야 한다. 특별히 본당에서 소공동체 모임이나 레지오 활동과의 밀접한 연계를

**고려해야 한다.** 현대 사회에서 상당히 위축된 본당 공동체가 활성화되기 위해서도 지역사회의 복지 현장으로 뛰어들어 '야전병원'의 역할을 수행해야 한다.

# 사회적 죽음을
# 묵상하며

**3**

## : 억울한 희생

몇 년 전부터 우리 사회에서는 안타까운 죽음이 잇따라 발생했다. 2022년 9월, 서울 지하철 2호선 신당역에서 발생한 역무원 스토킹 살해 사건이 그중 하나다. 신당역 10번 출구는 순식간에 시민들이 붙여놓은 수많은 추모 포스트잇으로 가득 차면서 추모의 장소로 변했다.

가해자는 집요한 괴롭힘 끝에 치밀한 보복살인을 감행했다. 피해자 조치의 미흡함, 경찰의 안일한 대응, 법원의 구속영장 기각, 국가의 유명무실한 스토킹 처벌법이 피해자를 죽음으로 몰아갔다. 단순한 개인적 죽음이 아니라 청

◆ 노동자의 죽음에 항의하는 불매운동을 보도한 언론보도

년 여성 노동자에게 가해진 구조적인 죽음이었다.

같은 해 10월에는 또 다른 비극이 이어졌다. 제빵회사 공장에서 일하던 청년 여성 노동자가 기계에 끼여 숨지는 사고가 발생했다. 최소한의 안전장치도 없이 고강도 노동을 강요당한 결과였다. 우발적인 사고가 아니라 예견된 구조적 사고였다.

그럼에도 회사는 고인이 숨진 다음 날 공장 일부를 가동하고 사고가 일어난 곳 바로 옆에서 동료 직원들이 일을 하도록 하였다. 이러한 파렴치한 행태에 시민들은 분노하며 '피 묻은 빵'을 사지 않겠다며 해당 회사 제품을 상대로 불매운동을 전개했다.

같은 달 말, 이태원에서 압사 참사가 발생해 순식간에 수많은 생명을 앗아갔다. 코로나19 이후 3년 만에 재개된 할로윈을 즐기기 위해 거리로 나온 젊은이들이 예기치 못한 죽음을 맞은 참사였다. 정부는 국가 애도 기간을 정하고 여러 곳에 합동분향소를 설치했다.

하지만 정부는 이태원 '참사 희생자'를 '사고 사망자'로 표기할 것을 권고했다. 이는 당시 현장에 있던 개인의 행위를 문제 삼아 참사의 책임을 희생자에게 돌리고, 일선 경찰들에게만 책임을 떠넘기려는 불순한 의도였다.


## ⦂ 사회적 죽음

위에 언급한 죽음들은 엄밀히 말하자면 '사회적 죽음'이다. 자본과 권력은 책임을 회피하기 위해 그들의 죽음을 개인적 차원의 죽음으로 축소하고, 희생자 개인에게 책임을 지우기 위해 사건을 단순 사고로 치부하려 한다.

'사고'는 교통사고처럼 뜻밖의 개인적 불행으로 국한되

지만, '사건'은 참사와 같은 대규모 인명 피해가 발생하여 사회적 문제로 많은 이들의 주목을 받는 뜻밖의 일이다.

불순한 의도를 가진 세력은 사건을 사고로 축소하여 망각하도록 강요한다. 하지만 참사나 희생자라는 개념이 사용될 때 억울하고 안타까운 죽음은 개인을 넘어 공동체적 차원을 지니게 된다. 사건으로 받아들여질 때 우리 모두는 그 사고에 연루된 공통의 운명을 자각하며, 나와 무관했던 사람들의 죽음을 나와 관계 있는 죽음으로 인식하게 된다.

추모 장소에 붙여진 포스트잇의 대부분이 "잊지 않겠습니다", "기억하겠습니다"라는 내용인 것도 이 때문이다. 다시 말해 '너의 죽음'을 기억할 때 우리 역시 죽음을 경험하게 되고, 이러한 경험의 공유를 통해 '애도의 공동체'가 형성되어 새로운 사회와 정치 공동체를 지향하는 원동력이 된다.

누군가 이렇게 말했다. "고통의 현장에서 희생자와 맺는 관계에 따라 우리는 가해자가 될 수도 있고 방관자가 될 수도 있고 구원자가 될 수도 있다." 루카 복음서에 나오는 '착한 사마리아인의 비유'(10,29-37)를 보면, 강도는 '가해자',

◆ "잊지 않겠습니다." "언제까지나 기억하겠습니다." 이태원 참사 추모글

사제와 레위인은 '방관자', 사마리아인은 '구원자'로 나타난다. '누가 죽어가는 이의 이웃이 되었는가?'가 이 비유의 주제이듯이, '누가 오늘날 사회적 죽임을 당한 희생자들의 이웃이 되어 함께 아파하고 고통을 나누고 있는가?' 성찰해보아야 한다.

우리는 슬픔의 연대를 통해 '애도의 공동체'를 이루어야 한다. 희생자를 지켜주지 못한 미안함과 남은 이들의 고통에 대한 공감을 바탕으로 서로 의존하고 책임을 이어주는 현실적이고 실제적인 대안을 실천해야 한다. 또한 진상

이 철저히 규명되고 그에 따른 엄중한 책임이 이루어져야
하며, 죽음이 헛되지 않도록 재발 방지 대책이 마련되어야
한다. 더 이상 억울한 사회적 죽음이 반복되지 않도록 깨어
있는 연대 의식이 필요하다.

# 생명을 파괴하는
# 갑질

## ⦂ 반생명적 갑질

몇 년 전 한 아파트 경비원의 자살 사건이 우리 마음을 아프게 했다. 한 입주민이 경비원에게 지속적으로 폭행과 폭언을 일삼고 협박한 끝에, 경비원은 결국 극단적인 선택을 하게 되었다. 유서에는 억울함을 풀 길이 없다는 호소가 담겨 있었다고 한다. 이는 우리 사회에 뿌리 깊게 자리 잡은 갑질 문화가 인간의 생명과 존엄성을 위협하는 폭력으로 나타난 전형적인 사례라 할 수 있다.

미국에서는 백인 경찰관이 흑인의 목을 약 8분 동안 무릎으로 짓눌러 숨을 못 쉬게 해 사망에 이르게 한 사건이 있었다. 피해자는 "숨을 쉴 수 없다"는 말을 열한 번이나 했는데도 끝내 목숨을 잃었다.

이 사건은 전 세계적으로 엄청난 충격과 분노를 불러일으켰고, 미국 전역에서 흑인 사망에 항의하는 시위가 격화되었다. 이 사건 역시 백인 경찰이라는 '갑'이 흑인이라는 '을'에게 가한 인종차별적 갑질이었다. 만약 피해자가 백인이었다면 그 경찰이 같은 행동을 했을까?

아파트 경비원의 극단적 선택은 사회적 타살에 해당하는 반면, 흑인의 죽음은 직접적인 살해에서 비롯된 것이라는 차이점이 있다. 그러나 이 두 사건은 모두 인간 생명을 경시한 반생명적 행태의 갑질이라는 공통점을 지닌다.


## ⋮ 타자화의 비극

모든 갑질의 근본에는 갑과 을의 관계를 수직적 권력구조로 잘못 이해하고 상대를 '타자화'하는 문제가 있다. 타자화를 통해 아파트 입주민은 경비원을 함부로 대하고 심지어 협박까지 했으며, 백인 경찰은 흑인을 폭력을 사용해도

◆ 흑인의 생명은 소중하다! 당연히 모든 생명은 소중하다!

되는 대상에 불과하다고 여겼다. 이처럼 타자화는 상대방의 인격을 무시하고, 인간을 마음대로 처분할 수 있는 물건처럼 취급하게 만든다. 이웃을 타자화하는 갑질은 극단적으로 폭력과 살인으로 이어지기 때문에 반생명적인 죽음의 문화일 수밖에 없다.

죽음의 문화인 갑질은 남을 타자화하여 마음대로 통제할 수 있다는 교만에서 비롯된다. 인간의 교만은 자신을 절대화하려는 마음과 연결된다. 인간이 자신을 절대화하려는 것은 곧 하느님처럼 되고자 하는 것이다. 이러한 교만은 죄와 악을 낳고, 죄는 죽음을 초래한다. 인간에게 절대적인 존재는 오로지 하느님뿐이다. 자기를 절대화하고 신격화하려는 교만한 사람은 남을 타자화하고 대상화한다. 신앙인으로서 우리는 이러한 잘못을 범하고 있지 않은지 성찰해야 한다.

## ∶ 우리는 을이 되자!

성경에서는 인간의 원죄를 에덴 동산에서 뱀의 유혹에 넘

◆ 제자의 발을 씻어주신 예수님. 예수님처럼 남을 섬기는 존재가 되면 갑질은 사라질 것이다.

어가 하느님처럼 되고자 했던 아담과 하와의 욕망에서 비롯한 것으로 설명한다. 창세기에 등장하는 바벨탑 사건 역시 하느님처럼 되려 했던 인간의 교만에서 기인한다. 그 결과 언어의 혼돈, 분열, 대립, 갈등 등으로 삶이 피폐해지고 죄로 가득한 상태에 빠지게 된다.

인류의 역사는 하느님처럼 되고자 하는 인간의 욕망과 그로 인한 죄의 역사라 하겠다. 죄의 역사는 죽음의 문화가 지배하고 만연한 결과다. 그러나 동시에 하느님의 구원이 실현되는 은총의 역사임을 기억해야 한다. 우리는 이러한 역사의 교훈을 통해 죄와 죽음으로 가는 어리석은 길이 아니라 사랑과 생명의 지혜로운 길로 나아가야 한다.

예수님처럼 남을 섬기는 존재가 되는 것, 바로 이것이 세상을 병들게 하는 갑질의 대안이다. 신앙인에게 갑질은 있을 수 없다. 오히려 을이 되기를 원해야 한다.

허리띠를 매고 무릎을 꿇어 제자들의 발을 씻어주신 스승 예수님처럼 자신을 내어주는 사랑을 실천해야 한다. 설탕과 소금은 분명 다르다. 설탕은 자기 맛을 내지만, 소금은 자신을 녹이며 남의 맛을 돋운다. 소금처럼 자신을 내어주어 남을 살리는 사람이 되자!

# 아래로부터의
# 생명운동

**5**

## ⋮ 낙태는 살인이다!

교회는 죽음의 문화를 생명과 사랑의 문화로 전환시키는
예언자적 사명을 오랜 시간 실천해왔다. 주교회의와 각 교
구는 생명위원회를 구성하여 생명운동을 사회적 활동으
로 확산시켜 왔는데, 그 대표적인 활동이 낙태 반대 운동
이다.

교회는 "낙태는 분명 살인 행위이며, 우리 사회에 만연
한 인명 경시 풍조의 근원"임을 천명하였다. 그래서 반생명
적인 '모자보건법' 일부 조항을 폐지하기 위한 서명운동을
여러 차례 실시했지만 모두 기각된 상태이다. 더욱이 최근

◆ 그 누구도 태아의 생명을 빼앗을 수 없다!

헌법 불합치 판결에 따라 낙태죄 폐지로 귀결되면서 기존 생명운동에 대한 반성적 성찰을 요청받고 있다.

생명 존중과 생명의 고귀함에 대한 교회의 가르침과 실천이 위로부터 내려오는 방식과 본질주의적 접근에만 의존한 결과, 급변하는 사회문화적 흐름과 새로운 삶의 방식을 반영하지 못한 채 구호에 그치거나 더 이상 유효하지 않은 상황에 처한 것은 아닌지 자문해본다. 따라서 기존 생명운동의 방법적 한계를 극복하는 대안이 절실히 요청된다.

오늘날 문화의 시대에 걸맞은 교회 생명운동의 대안은

'아래로부터의 생명운동'이다. 교회 안에서 이를 제안한 대표적인 인물이 서울대 의과대학 김중곤 명예교수이다. 그는 주교회의 생명윤리위원회와 서울대교구 가톨릭생명윤리자문위원회 위원으로 활동하고 있다. 가톨릭교회의 입장에서 태아를 살리자고 절실히 호소하는 그는 교회 생명윤리 이슈에 대한 기존 접근 방식과는 다른 방법이 필요하다고 강조한다. 그것은 위로부터의 교육이 아닌 아래로부터의 연대와 실천이다.

김중곤 교수는 "신자들이 교회 가르침을 일방적으로 따르던 시대는 지났다"며, 신자들 스스로 자신들이 처한 사회적 상황을 교회의 가르침 안에서 해결할 수 있도록 교회가 이들과 연대하는 방식이 절실히 필요하다고 주장한다. 우리 모두에게 매우 공감되는 말이다.

## ：교회가 할 수 있는 프로그램

'아래로부터의 생명운동'은 교회 지도자나 교회 기관만이 아니라 신자 개인이나 집단이 상호 주체로서 참여하는 활동이 전제되어야 한다. 여성들이 처한 구체적인 상황과 사고방식, 삶의 방식 등을 고려한 '문화주의적 접근 방법'으로 문제를 풀어나가야 한다. 즉 자율적 개인이나 개인 간 연대를 통해 생명의 존엄성에 대한 의식을 다양한 문화적 방법으로 공유하고 실천할 수 있도록 교회가 협력해야 한다는 뜻이다. 이를 위해 교구나 본당 차원에서 생명존중 사상을 고취하기 위한 토론 모임이나 현장 체험 등 다양한 프로그램을 운영하는 것이 바람직하다.

예를 들어, 본당에서 독서 모임을 통해 생명 관련 책을 읽고 생각을 나누는 것도 좋은 방법이다. 『아름다운 향기』(2009)에는 공선옥 작가의 「거무가 불쌍해서…」라는 제목의 글이 실려 있다.

시골 마을에 돌 공장이 들어서면서 독성물질인 돌가루가 마을 사람들의 생명을 위협하는 상황에서 할머니들만 마지막까지 남아 저지 시위에 나선다. 그 중 한 할머니가 들려준 아름다운 이야기는 생명에 대한 경외심을 불러일으킨다.


아침에, 방에 커다란 거무(거미)가 내려왔대. 그래서 밖으로 내보낼라고 허다가 그만 거무를 터트리고 말았네. 이걸 어쩌면 좋아. 눈물이 절로 나오드만. 아침에 거무 죽인 것이 하도 마음에 걸려서 뒤안 장꼬방에 물 떠놓고 빌었어. 빌고 난게 마음이 좀 편안허기는 헌디, 거무가 불쌍해서 자꾸 눈물이 나네.

거미 한 마리 때문에 눈물을 흘리는 할머니의 마음이 아름답다.

또한 영화 동아리에서 생명 관련 영화를 관람하고 느낌을 나누는 것도 생명의 소중함을 깊이 깨달을 수 있는 좋은 활동이다. 영화 〈비커밍 아스트리드〉(2018)는『말괄량이 삐삐』의 저자 아스트리드 린드그렌의 10대 중반에서 20대 중반까지의 젊은 시절을 묘사하고 있다. 그가 1920년대 스웨덴 시골 마을의 엄격한 청교도적 집안에서 미혼모로 당당하게 살아가며 세계적인 아동 작가로 성장한 이야기를 통해 생명의 가치를 생각해볼 수 있다.

본당에서 '태아교실'을 활성화하고 '주일학교 영유아부'를 신설하는 것도 생명의 존엄성을 배우는 훌륭한 기회가 될 것이다. 그 외에도 본당 사목을 통해 생명 관련 문화 프로그램을 실시한다면 자연스럽게 생명운동으로 이어질 수 있다.

교회는 생명을 중시하는 시민단체를 육성하거나 이들과 연대하고, 미혼모에 대한 재정적 지원, 쉼터 마련 등 실제적인 지원도 더욱 확대하고 지속해야 한다. '낙태는 살인'이라는 외침보다 '태아 살리기'나 '세상을 떠난 태아 영혼 치유'에 중점을 두는 방향이 더 바람직하다.

◆ 〈비커밍 아스트리드〉
(2018)

또한 생명 문제를 낙태에만 국한시키지 말고 더 나아가서, 디지털 성폭력, 학교 폭력, 아동학대, 혐오, 갑질 등 반생명적이고 비복음적인 현실에 대해서도 본당이나 시민 사회에서 다양한 형태의 의식화 교육을 시행한다면 좋은 성과를 거둘 수 있을 것이다.

# 품위 있는 죽음의 함정

## : 반생명적 가치관의 확산

97세 노모를 집에서 모시고 사는 어느 자매님의 이야기가 쉽게 잊히지 않는다. 치매를 앓고 있는 어머니는 딸조차 알아보지 못할 정도로 소통이 어렵다고 한다. 식사부터 배변까지 온갖 수발을 다 들며 돌보고 있는 상황이다.

왜 요양원이나 요양병원에 모시지 않느냐고 묻자, "그런 시설에 가시면 얼마 있지 않아 돌아가실 것 같아서 차라리 집에서 요양하시는 것이 낫겠다 싶어 모시고 있다"고 답한다. 물론 요양보호사가 있고 필요하면 다른 형제들도 와서 돌봐주지만, 본인도 이미 70대 후반이라 몸이 성치 않

◆ 노인 돌봄은 헌신과 정성 없이는 힘든 일이다.

다. 자신의 남은 인생을 편안히 보내고 싶은 마음도 있을 텐데, 어머니의 남은 소중한 생명이 다할 때까지 아낌없이 내어주는 돌봄의 영성을 실천하는 모습에서 '옆집의 성인'을 보는 것 같다.

우리 사회의 현실은 생명을 존중하고 돌보아야 한다는 생각과 점점 거리가 멀어지고 있는 듯하다. 생명은 효율성과 생산성이라는 경제적 잣대로 '쓸모 있음'과 '쓸모없음'으로 나눌 수 없다. 그럼에도 쓸모가 있으면 존재하고, 쓸모없으면 폐기 처분되는 쓰레기처럼 취급되고 있는 것 같아서 걱정스러운 마음이 앞선다. 물질적 풍요, 건강, 쾌락만을 기준으로 인간 생명을 판단하는 반생명적 가치관으로 인해 죽음의 문화가 확대재생산 되고 있는 것이다.

이를 반영하듯 2024년 여론조사에 따르면, 국민의 82퍼센트가 조력 존엄사 합법화에 찬성하고 있다. 해가 갈수록 찬성 비율이 높아져 안락사에 대한 인식이 상당히 변하고 있고, 곳곳에서 '품위 있게 죽을 권리'를 적극적으로 보장해야 한다는 목소리도 커지고 있다. 회생 가능성이 없는 인생의 마지막을 고통스럽게 보내기보다는 죽음을 선택할 권리를 갖고 싶다는 것이다.

"회복 불가능한 질병으로 고통받는 가족을 돌보다가 가정이 파탄 나고 결국 간병 살인에 이르는 상황을 지켜만 볼 것인가?"라고 반문하며 조력 존엄사 도입을 요구하고 있다. 웰빙(well-being)만이 아니라 웰다잉(well-dying)을 위한 권리 주장도 같은 맥락으로 볼 수 있다.

## ⦂ 비복음적이고 비윤리적인 안락사

2022년 국회에서 처음으로 발의된 '의사 조력 자살' 법안이 찬반 논쟁으로 이어지며 입법화에 찬성하는 여론이 점점 커지고 있다. 현행법과 달리 '임종 과정이 아닌 상태'에서도 환자가 스스로 존엄사를 결정할 수 있도록 하고 약물 투여로 죽음에 이르게 한다는 점에서 진일보한 내용이다.

안락사 관련법 도입을 촉구하는 집회가 열리면서 '품위 있는 죽음'의 법제화에 대한 압박이 거세지고 있다. 그런데 여기서 말하는 '품위 있는 죽음'이 정말 인간답게 죽는 것일까?

주교회의 생명윤리위원회는 국회에 발의된 '의사 조력 존엄사' 법안에 강력히 반대하는 성명을 발표했다. 성명은 의사 조력 존엄사가 사실상 자살이며, 이에 가담하는 행위는 살인이라고 규정했다. 인간적인 관심과 돌봄의 문화를 회복해야 한다는 것이다. 의술이 사람을 살리기보다 죽이는 데 사용된다면 이는 의술의 본질에 반하는 모순이다.

의술이 사람을 죽이는 데 남용된 대표적인 사례는 영화 〈유 돈 노우 잭(You Don't Know Jack)〉(2010)에서 찾아볼

◆ 존엄사는 사실상 자살이며, 여기에 가담하는 것은 명백한 살인과 다름없다.


수 있다. 이 영화의 실제 주인공 잭 케보키언은 안락사를 옹호한 의사로 미국에서 화제가 된 인물이다. 그가 안락사, 구체적으로 말하면 자살을 돕는 행위를 시작하게 된 동기는 병으로 고통받던 어머니의 죽음이었다.

　　당시 의사들은 어머니를 살리려 했으나 결국에는 극심한 고통 속에서 힘겹게 돌아가셨다. 이 경험으로 잭 케보키언은 130명의 자살을 도왔고, 그로 인해 2급 살인죄로 기소되어 8년 2개월 동안 수감되었다가 석방되었다.

　　사실 루게릭병, 말기암, 알츠하이머, 전신마비 장애인 등 회복 가능성이 없는 이들은 더 이상 가족에게 짐이 되기

싫어 죽음을 원하기도 한다. 그러나 인간의 생명은 존엄하며, "나는 죽이기도 하고 살리기도 한다"(신명 32,39)라는 말씀처럼 하느님이 생명의 주관자이시기에 인간 선택에 따른 안락사는 비복음적이고 비윤리적일 수밖에 없다.

또한 고통을 없애려는 의도가 담긴 안락사 행위는 고통은 무의미하며 제거해야 할 대상일 뿐이라고 간주한다. 그러나 고통이 가져다주는 신비와 은총의 차원을 깨닫는다면, 치매를 앓는 노모를 끝까지 집에서 모시는 자매님처럼 생명의 마지막을 위한 돌봄과 배려를 실천할 수 있을 것이다.

# 탈진실 사회에 대한
# 성찰

## 7

## : 진실을 외면하는 세상

영화 〈돈룩업(Don't Look Up)〉(2021)을 보았다. 워낙 공상과
학(SF) 영화를 좋아하다 보니 이 영화를 놓칠 수 없다는 생
각에 마음먹고 시간을 내었다. 이 영화는 절체절명의 위기
에 처한 인류의 대응을 코미디 형식을 빌려 풍자적으로 묘
사하고 있다는 점에서 기존의 SF와는 또 다른 흥미를 불러
일으켰다. 내용을 간단히 요약하면 다음과 같다.

혜성 충돌로 지구 멸망까지 6개월밖에 남지 않은 위
기 속에서 정치권력은 지지율과 권력 유지에만 급급해 사
람들에게 "위를 보지 마라(Don't Look Up)"고 선동한다. 기업

은 정경유착을 통해 위기를 이윤 창출의 기회로 삼으려 하고, 언론은 시청률과 조회 수에 매달려 위기를 제대로 보도하지 않는다. 대중들은 소셜 미디어의 여론에 휘둘리거나 조작되어 연예계 소식과 자극적인 밈(meme)에만 몰두한다. 결국 혜성 충돌이라는 진실을 외면한 채 인류는 멸망의 길로 접어든다.

이 영화를 보면서 인상 깊었던 것은, 모두가 혜성 충돌로 인해 지구가 멸망할 것이라는 명백한 과학적 진실을 회

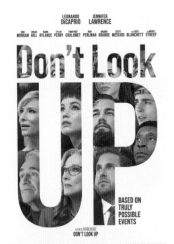

◆ 영화 〈돈룩업〉(2021) 포스터. 제목의 '돈룩업(Don't Look Up)'은 '룩업(Look Up)'의 상대어로, 정부의 프로파간다에 넘어가 혜성의 존재 자체를 부정하거나 혜성의 상업적 가치를 이용하는 것에 찬성하는 쪽을 말한다.

피하였으며, 그 정도로 사회 체제의 기능이 마비되어 제대로 된 역할을 하지 못했다는 사실이다. 사회 체제의 각 부문이 공동선을 실현하기 위해 서로 연대하고 보조해야 함에도 불구하고 그렇게 하지 않았기 때문에 거짓과 가짜가 난무하는 '탈진실 사회'가 되고 말았던 것이다. 이는 단지 영화 속 이야기만이 아니다. 우리가 살아가고 있는 현실 세계에서도 탈진실 현상은 심각하게 나타나고 있다.

## ⁚ 가짜 뉴스의 위험성

여론에서는 진실보다 감정에 호소하는 주장이 더 큰 영향을 미치고, 정치에서는 정책보다 포퓰리즘과 정쟁에 치중하는 경향이 심하다. 특히 디지털 문화가 대중화되면서 정치, 경제, 사회, 문화 등 모든 공론의 장에서 탈진실이 일상화되어 있다.

이 시대에는 진리와 도덕보다는 정서와 신념이 앞서고, 파편화된 정보의 홍수 속에서 보고 싶은 것만 보고 듣고 싶은 것만 듣는 '확증편향'이 두드러지고 있다. 언론 역시

◆ 가짜 뉴스는 사회를 혼란으로 몰고 가는 통로가 되고 있다. 진실만이 가짜를 물리칠 수 있다.

왜곡된 뉴스와 가짜뉴스로 신뢰를 잃고, 상업화의 압력 속에 공공성과 공익성은 사라지고 있다.

오랫동안 과학자들이 기후위기의 심각성을 경고해왔건만 미국의 트럼프 대통령은 1차 재임 기간 중 여러 차례 "기후 위기는 새빨간 거짓말"이라고 주장하며 2019년 파리 기후협약 탈퇴를 선언했고, 이듬해 미국은 실제로 탈퇴했다. 지구온난화, 기후 위기, 환경 파괴로 인해 폭풍, 산불, 홍수 등 전례 없는 재난이 발생하고 있음에도 불구하고 말이다.

　이러한 현상이 가져오는 참혹한 결과를 우리는 탈진실적 마녀사냥에 내몰리다 극단적 선택을 한 두 젊은이의 사례에서 명확히 볼 수 있다. 교통사고만 나면 달려오는 레커차처럼 '사이버레커'라 불리는 악의적 유튜버들이 근거 없는 의혹을 제기하고, 누리꾼들은 무분별한 악성 댓글로 가담했다. 여기에 무책임한 언론이 이러한 콘텐츠를 기사화하며 불행한 결과를 초래했다. 영화 〈돈룩업〉에서처럼 사회 체제가 본연의 기능을 다하지 못하면 끔찍한 재앙으로 이어질 수 있다는 교훈을 다시금 깨닫게 된다.


## ⋮ 확증편향에서 벗어나야

21세기 몰개성적 집단주의와 전체주의가 설 자리를 잃고 개인주의가 지배적인 사회라 해도, 사회 체제가 개인에게 끼치는 영향은 여전히 무시할 수 없다. 1인 가구가 늘어나면서 더욱 파편화되고 원자화된 삶을 살고 있는 개인은 자본주의 사회 체제 아래에서 권리의 주체로서 사회적 책임

의식을 가진 '진정한 개인'이 아니라 대중 혹은 소비자로 규정된다.

스마트폰을 통해 소셜 미디어를 끊임없이 소비하는 대중은 과연 탈진실로부터 자유로울 수 있을까? 소셜 미디어는 검증되지 않은 정보임에도 오로지 '좋아요' 숫자가 많다는 이유만으로 신뢰를 얻고 사실로 받아들여진다. 또한 '좋아요'가 많은 정보만 클릭하는 경향 때문에 사용자들의 확증편향은 더욱 강화된다.

그 결과 과학적 사실과 객관적 진실마저 천대받는 현상이 영화 〈돈룩업〉에서만 아니라 우리의 현실에서도 재현되고 있다. 게다가 나와 의견이 같은 사람들과는 끊임없이 소통하면서도 의견이 다른 사람은 '삭제'하거나 차단해버리는 '우리 편 편향'까지 나타나고 있다.

프란치스코 교황이 탈진실 시대를 겨냥하여 지적한 말씀을 늘 새겨들어야 한다.

"우리의 나약함을 악용하고 사람들에게서 가장 나쁜 것을 끌어내려고 설계된 디지털 세상은 받아들일 수 없습니다."(「모든 형제들」, 205항)

## 도널드 트럼프 대통령의 파리기후변화협정 탈퇴

2024년 도널드 트럼프가 다시 미국 대통령으로 취임하자 미국은 2025년 1월 20일 파리기후변화협정에서 탈퇴하였다. 트럼프의 지난 임기에 이어 두 번째 탈퇴다. 파리기후변화협정은 지난 2015년 프랑스 파리에서 열린 제21차 유엔기후 변화협약 당사국총회(COP21)에서 채택한 국제협약이다. 전 세계 190개 이상의 국가들이 지구 평균 기온 상승을 산업화 이전 대비 2도 이하로 유지하고, 가능하면 1.5도 이하로 제한하는 것을 목표로 하고 있다. 미국은 2016년 오바마 대통령 당시 이 협약에 가입했지만, 트럼프 대통령은 1기 시절이던 2020년 공식 탈퇴했다. 이후 바이든 대통령이 2021년에 재가입하였으나 트럼프 대통령은 자신이 취임하면 다시 탈퇴할 것이라고 수차례 언급했고, 실제로 취임 후 탈퇴하였다. 미국의 석유 및 가스 시추업체의 생산량 증가를 위해 규제를 완화해야 하기 때문이다.

# '솔로지옥' vs. '결혼지옥'

**8**

## ⠶ 예능과 현실

요즘 사람들은 종교적인 용어인 '지옥'을 스스럼없이 사용한다. '헬조선'이라는 자조 섞인 말이 한때 유행하며 N포 세대 청년들의 가혹한 현실을 간접적으로 비유했다면, 이제는 모든 세대가 맞닥뜨릴 수밖에 없는 삶의 어려움을 '지옥'으로 표현하고 있다.

'솔로지옥', '결혼지옥'과 같이 인기 방송 프로그램들의 제목으로도 사용되고 있다. 이들 방송 프로그램은 시대적 상황을 그대로 반영해 시청자들의 공감을 얻는 긍정적인 면이 있는 반면, 비윤리적이고 비복음적인 가치관을 드러내는 부정적인 면도 무시할 수 없다.

예능 프로그램에 속하는 '솔로지옥'과 '결혼지옥'은 몇 가지 차이점이 있다. '솔로지옥'은 커플을 만들어주는 것이 목적이라면, '결혼지옥'은 부부 관계를 회복시키는 데 초점을 맞춘다. '솔로지옥'에서 말하는 지옥은 단순히 솔로로 살아가며 남의 도움 없이 스스로 생존해야 하는 상태를 의미하는 반면에, '결혼지옥'에서의 지옥은 괴로움, 절망, 고통 속에 빠져나올 구멍이 없는 비참한 상태를 상징한다.

그리스도교 교리에서는 지옥을 죄의 결과로 구원받지

◆ '솔로지옥' 시즌2 포스터

못해 벌을 받는 곳으로 설명한다. 결혼 생활에서 겪는 어려움이 혹독하다는 의미에서 지옥이라는 말을 상징적으로 사용한다.


## ： 솔로지옥의 이유

'솔로지옥'은 싱글 남녀가 무인도에 갇혀 지내다 커플이 되면 '천국도'로 이동하고 그렇지 못하면 '지옥도'에 남아 자급자족해야 한다. 이러한 짝짓기 예능물은 '나는 솔로' 같은 프로그램의 인기로 등장했고, 글로벌한 관심도 받고 있다.

실제로 우리 사회에는 혼자 사는 '나 홀로족'이 많다. 대부분 경제적으로 어렵거나 적합한 배우자를 만나지 못해 결혼하지 못한 경우라는 것이 최근 통계 조사에서 명백히 드러난다. 이런 프로그램이 1인 가구 청년들을 결혼으로 이끄는 긍정적인 효과를 낼 수 있지만 그와 동시에 문제점도 존재한다.

'솔로지옥'의 규칙에는 커플이 바람직한 것이고 싱글은 그렇지 않다는 이분법적 사고가 깔려 있다. 마치 '예수 천당, 불신 지옥'을 외치듯, '커플 천국, 솔로 지옥'이라는 고정적 틀을 만들고 있다.

　한국 사회의 현실은 1인 가구가 대세이고 앞으로 더욱 많아질 전망이다. 자발적으로 솔로를 선택한 사람들도 있지만, 어쩔 수 없어서 혼자 사는 사람도 많다. 이 프로그램은 혼자 사는 것은 옳지 않다고 간주하고, 혼자 사는 사람들에게 불이익을 주어도 된다는 차별을 은근히 드러낸다. 솔로를 커플로 유도하는 프로그램의 장점이 살아날 수 있도록 세심한 배려가 필요하다.

◆ '결혼지옥' 포스터

## : 희망은 천국으로 가는 길

커플이 되어 천국도로 간 뒤 연애에 성공해서 결혼이라는 최종 목적을 달성한다 해도, 막상 결혼 이후 환상이 깨지는 경우가 많다. '결혼지옥'이라는 예능 프로그램이 높은 시청률을 기록하는 이유는 지옥 같은 결혼 생활에서 탈출할 수 있는 솔루션을 제공하기 때문이다.

관찰 카메라를 통해 여과 없이 드러나는 다양한 부부 갈등은 많은 시청자들에게 공감대를 형성하고 대리 만족을 이끌어낸다. 그러나 방송의 특성상 시청률에 얽매여 자극적인 내용을 다루는 경우가 늘면서 아동 성추행, 가정 폭력 등 심각한 문제까지 노출된다.

그래서 여러 비평가들은 이런 문제를 특정 상담가 한 사람의 견해에만 의존해서 해결하려 하는 것은 문제가 있다고 지적한다. 또한 '결혼지옥'이라는 제목 자체가 저출생 시대에 결혼을 부정적으로 각인시키고, 더 많은 사람을 '나홀로 삶'으로 몰아갈 위험이 있다. 가파른 인구 절벽에 부딪칠 가능성을 방송이 부채질하는 셈이다.

단테의 『신곡』(1321)에서 주인공은 천국, 연옥, 지옥을 여행한다. 여기에서 지옥은 희망이 없는 상태로 묘사된다. 이 말을 역으로 이해하면 희망을 품는 순간 누구나 천국으로 향할 수 있다는 뜻이다. 홀로 사는 사람이든 혼인 생활을 하는 부부든, 자신의 부족함과 상대방의 부족함을 인정하고 변화에 대한 희망을 받아들일 때 새로운 출발을 할 수 있다.

제 3 부

관계와 소통 :
함께 걷는
신앙 공동체

# 마음의 귀로
# 경청하기

**1**

## ： 유체이탈

사람들이 만나 대화를 주고받는 모습은 다양하다. 어떤 이는 상대방의 말을 경청하고 잘 이해하여 대화를 풍성하게 이끌어 가는데, 어떤 이는 자신이 듣고 싶은 것만 선택적으로 듣고 나머지는 흘려버린다. 이렇게 확증편향적이고 선택적인 듣기는 상대방의 정확한 의도를 이해하지 못하거나 왜곡할 위험이 있다.

또 다른 사람은 아예 상대방의 말을 건성으로 듣고 무성의한 태도를 보이기도 한다. 이는 말하는 사람과 같은 공간에 있어도 마음과 정신은 다른 곳에 가 있기 때문이다. 이

◆ 소통과 참된 대화의 기본 조건은 경청이다.

런 모습을 흔히 우스갯소리로 '유체이탈'이라 부른다.

미사 중에 주례 사제가 강론을 하고 있음에도 일부 신
자들이 딴생각을 하는 경우가 그러하다. 몸은 성당에 있지
만 정신은 딴 곳에 가 있는, 일명 '유체이탈 신자들'이다. 사
제가 강론을 잘하지 못해 이런 일이 발생한 것일까? 아니면
신자들이 경청을 잘하지 못하기 때문일까?

대화의 기술 중에 가장 핵심은 '경청'이다. 효과적인
경청이 되기 위해서는 적극적으로 듣고 공감하는 태도가

필요하다. 이러한 경청은 신뢰와 존중을 구축하고 관계를 깊이 있게 만들어준다. 아무리 시공간을 초월하는 디지털 미디어를 통한 소통이 난무해도 경청의 묘미를 능가할 수 없다.


## ⦂ 경청의 중요성

디지털 문화 시대에 적극적인 경청을 주창하는 프란치스코 교황의 말씀을 들어보자. 그분은 2022년 홍보주일 담화문 주제로 '마음의 귀로 경청하기'를 제시하였다. 이 담화문에서 교황님은 소통의 법칙과 참된 대화를 위한 조건으로 경청을 강조하였다.

오늘날 소셜 네트워크 시대에는 소셜 미디어를 통해 '엿듣거나 염탐하며 타인을 자신의 이익을 위해 이용하는 일'이 벌어지거나, 서로의 말을 경청하지 않고 자기 말만 하며 수많은 대화 속에서도 소통이 이루어지지 않는 경우가 많다.

교황은 이러한 현실을 지적하며, 특히 이주민들에 대

한 편견을 극복하고 우리의 완고한 마음을 부드럽게 하기 위해 그들의 이야기에 귀 기울이고 경청하려는 노력이 필요하다고 강조하였다. 또한 인간은 관계에서 도피하거나 등을 돌리며 '귀를 닫으려는' 경향이 있고, 이러한 경청 거부는 때로 이주민과 같은 타자들을 향한 공격으로 변할 수 있음을 언급하기도 했다.

교황은 담화문에서 경청이 사목 활동에서도 가장 중요한 요소임을 강조한다. 그분은 경청을 '듣는 귀의 사도직'으로 표현하며, 사람들에게 귀를 기울이는 것이 '애덕의 첫 번째 행동'임을 일깨워준다. 자기 시간의 일부를 내어주는 행위이기 때문이다.

본당 신부들에게는 신자들의 고민과 아픔, 괴로움과 상처를 수용하는 경청이 가장 기본적인 사랑의 행위가 된다. 이로써 본당 신부들은 '상처 입은 치유자'로서의 역할을 충실히 수행할 수 있다.

## ⠶ 세상을 바꾸는 힘

본당 신자가 찾아와 고민을 털어놓을 때 집중해서 들어주면 나중에는 묻지 않아도 속마음을 허심탄회하게 드러내고, 결국 그가 처한 상황을 더 깊이 이해하게 된다. 이처럼 경청은 우리 모두에게 중요한 요소다. 만약 상대방의 말을 대충 듣고 흘러버리거나 충고만 한다면, 진솔한 대화는 더 이상 이루어질 수 없다.

그래서 정신건강의학과 의사이자 상담 전문가인 정혜신 박사는 '충고, 조언, 평가, 판단'(축약어로 충조평판)을 하지 말라고 강조한다. 이는 상대방의 자율성을 침해하고 저항감을 일으키며 신뢰와 공감을 약화시켜 심리적 안정과 회복을 방해하기 때문이다. 이런 점에서 진정한 경청과 공감이 더 효과적인 대화 방식임을 알 수 있다.

교황 담화문은 신앙의 차원에서 경청의 중요성을 언급한다. 구약의 '쉐마 이스라엘(이스라엘아, 들어라. 신명 6,4)'은 이스라엘 백성이 가장 먼저 해야 할 일이 하느님의 말씀을 듣는 것임을 보여준다.

신약에서 바오로 사도 역시 "믿음은 들음에서 온다"(로

마 10,17)고 말하며, 믿음은 하느님의 말씀을 듣는 데서 시작된다고 확언한다. 기도 또한 하느님께 무언가를 요청하기에 앞서 그분의 말씀을 듣는 시간이다. 하느님께 주도권을 내어드리고, 그분의 말씀에 응답하는 데서 신앙이 시작된다. 마리아와 마르타 이야기에서 예수님이 말씀하신 '마리아의 좋은 몫'은 바로 그분의 말씀을 듣는 것, 경청이다.

"세상을 바꾸는 힘은 달변이 아니라 경청에 있다"는 말이 있다. 하느님 나라를 향해 함께 걸어가는 여정에 필요한 친교를 위해 형제자매들 사이의 상호 경청은 무엇보다 우선해야 하는 중요한 덕목이다.

◆ 기도는 요청하기에 앞서 하느님의 말씀을 듣는 시간이다.

# 사제들,
# 커뮤니케이션 교육이 필요하다

**2**

## ⁝ 소통의 중요성

교구 청소년국에서 주일학교 교사들에게 커뮤니케이션 교육을 실시한다는 공문을 보냈다. 초등부 교리교사가 신앙 안에서 자신을 이해하고 돌봄으로써 공동체 구성원들과 원활하게 소통하고 공감하며 올바른 관계를 형성하도록 돕는 '자아발견과 의사소통 교육'을 실시하니 협조해달라는 내용이었다.

　이 공문을 보면서 청소년국이 의사소통, 즉 커뮤니케이션을 주일학교 운영의 중요한 요소로 인식하고 있음을 알 수 있었다. 그렇다면 주일학교를 담당하는 사제들은 커뮤니케이션에 대해 얼마나 알고 있을까? 사제들이 어느 정도 커뮤니케이션의 본질과 방법을 이해해야 교사나 학생들과 제대로 소통할 수 있지 않을까?

이 문제는 주일학교에만 국한된 것이 아니다. 본당의 모든 사목에 해당된다. 교회 활동 자체가 커뮤니케이션으로 이루어진다는 점에서 "교회는 커뮤니케이션이다"라고 말할 수 있다. 전례, 강론, 성사, 선교, 교육, 단체모임, 행사 등 교회 내 모든 활동이 '사목 커뮤니케이션'의 범주에 속한다.

최근에는 카카오톡, 페이스북, 인스타그램 같은 소셜 미디어와 유튜브를 활용한 사목이나 선교가 활발히 이루어지고 있다. 특히 인공지능 시대가 열리면서 커뮤니케이션은 사목뿐 아니라 삶의 모든 영역에서 필수 요소로 인식되고 있다. 그러나 이렇게 급격히 변화하는 미디어 환경 속에서도 사제들을 대상으로 한 미디어 교육이나 커뮤니케이션 교육은 여전히 미흡한 수준에 머물러 있다.

## ∶ "와서 보시오" "경청" "마음으로 말하기"

매년 홍보주일에 발표되는 교황 담화문은 우리에게 커뮤니케이션 교육으로서 의미를 지닌다. 2021년 이후 3년 동안 발표된 담화문의 주제는 일관된 흐름으로 이어진다. 2021년에는 "와서 보시오"(요한 1,46)를 주제로, 직접적인 대면 소통이 가장 효과적이고 객관적인 소통이며 선교 방식임을 강조했다.

2022년에는 '마음의 귀로 경청하기'를 주제로, 경청의 중요성을 언급하며 참된 소통의 시작은 상대방의 이야기에 귀 기울이는 것임을 강조했다.

2023년 담화문은 한 단계 더 나아가 '마음으로 말하기'를 주제로 삼았다. 교황은 "진실을 조작하고 악용하는 허위 정보에 기초해 무관심과 분노로 치우치곤 하는" 이 세상에서 "때로는 불편하더라도" 진실한 마음으로 마음과 마음이 소통할 때 진리를 선포할 수 있다고 강조하였다. 교황은 또한 홍보주일 담화문을 통해 '탈진실 사회'를 살고 있는 우리가 "용기와 자유를 가지고 진리를 추구하고 말하며, 선정적이고 공격적인 표현의 유혹을 거부하도록" 촉구하였다.

김은영 시인의 시 「닭들에게 미안해」가 떠오른다.

**닭들에게 미안해**

방문을 열면
닭들이 나란히 서서
나를 지켜본다.

울타리로 다가가면
쪼루루루 몰려나와서
고개를 갸웃거려

혹시 모이 줄까 하고

그런데 모이 안 주고
달걀만 꺼내 올 땐
정말 미안하다.

별일 아닐 수 있는 달걀 꺼내는 일에서도 닭과 소통하

◆ 진정한 소통을 위한 우선 조건은 상대방의 마음을 이해하는 것이다.

려는 시인의 마음이 아름답다. 동물이든 사람이든 진정한
소통은 상대방의 처지와 사정을 이해하는 데서 시작된다.
디지털 미디어가 소통을 빠르고 편리하게 만들어준다고 해
도, 상대방의 마음을 고려하지 않은 일방적 소통은 상대를
인격체가 아닌 '그것'으로 취급하며 마음의 상처와 고통을
남길 뿐이다.

　진정한 소통을 위한 우선 조건은 상대방의 마음을 이
해하는 것이다. 이를 위해서는 경청이 중요하고, 경청이 가
능하려면 '열린 마음'이 필요하다.

마르코 복음 3장 1~6절에 영적으로 굳어진 바리사이의 '닫힌 마음'(마르 3,1-6)은 소통의 의미를 왜곡하고 경청을 불가능하게 만드는 독선적 태도이다.

반면 나와 너가 '열린 마음'을 가질 때, 마음이 마음에게 말하고 진정한 대화와 나눔이 이루어지는 참된 평화가 꽃필 수 있다. 이것이 사제 양성 과정에서 커뮤니케이션 교육이 필요한 이유다.

# 사랑과 생명의 언어인 칭찬

**3**

## : 칭찬합시다!

본당에서 전 신자를 대상으로 '칭찬 캠페인'을 실시한 적이 있다. "맡긴 일을 잘하시네요." "센스가 있으시네요." 본당에서 미사를 마칠 때 신자들이 서로 마주 보며 칭찬 한마디를 나누곤 한다.

칭찬 한마디는 별거 아닌 것 같아도 그 파급효과는 크다. 미사를 마치고 신자들과 인사하는 중에 한 신자가 "열심히 하는 모습이 보기 좋습니다"라고 칭찬의 말을 건네면, 나도 모르게 기분이 좋아지고 그분께 "감사합니다"라며 절로 인사하게 된다. 말 한마디로 기분이 올라갈 만큼 칭찬의

◆ 칭찬은 하느님의 사랑을 이웃 사랑으로 구체화하는 좋은 방법이다.

힘은 대단하다.

　본당에서 모든 신자를 대상으로 '칭찬 캠페인'을 실시해야하는 이유는 다음과 같다. 첫째, 우리 사회의 불확실성에 따라 우리는 스트레스, 과로, 우울증, 분노, 불안, 무기력증 등에 무방비 상태로 노출되어 있다. 이러한 증후군은 정신적·육체적 건강을 해치고 몸과 마음을 병들게 한다. 신앙인 역시 이런 상황에 노출되어 본당 공동체에 그대로 반영된다. 이런 상황에서 본당 공동체를 중심으로 서로 칭찬하는 분위기를 만들면 조금이나마 도움이 되리라 생각한다.

여러 본당에서 '칭찬 캠페인'을 실시했다. 반응이 좋았다. 칭찬 한마디에 웃게 되고 기분이 좋아졌다. 주보에 실린 칭찬 문구를 가정이나 직장에서 활용해 분위기가 좋아졌다는 이야기도 들었다. 미국 작가 마크 트웨인은 "칭찬 한마디면 두 달을 견딜 수 있다"라고 말한 적이 있다. 지속적인 칭찬은 나 자신뿐 아니라 주변 사람들에게 비타민 같은 역할을 하며 치유를 가능하게 한다.

'칭찬 캠페인'을 실시한 두 번째 이유는 최근 우리 사회가 혐오와 증오로 가득 차 있기 때문이다. 사람들 사이에서 혐오와 증오가 확산되고, 이는 폭력으로 이어지기도 한다. 아동 학대, 갑질 문화, 집단 괴롭힘, 성폭력 등으로 인해 가해자와 피해자가 생기고, 상처와 아픔, 죽음까지 발생한다.

이런 죽음의 문화는 혐오와 배제, 폭력의 결과로 나타난다. 이러한 상황에서 교회는 시대적 징표를 읽고, 우리 삶과 사회에 내재된 죽음의 문화를 사랑과 생명의 문화로 전환하려는 예언자적 노력을 기울여야 한다. 이는 오늘날 교회에 주어진 '새로운 복음화'의 과제라고 할 수 있다.


## : 칭찬은 하느님의 자비와 사랑을 닮았다


새로운 복음화를 실천하는 여러 방안 중 가장 쉬운 것이 '칭찬'이다. 칭찬은 하느님의 사랑을 이웃 사랑으로 구체화하는 좋은 방법이다. 상대방에게 먼저 인사하거나 세례명을 불러주는 작은 행위도 사랑의 표현이다.

칭찬은 상대방의 존재를 인정하고 존중해주는 행위이다. 칭찬받은 사람은 자신이 소중한 존재임을 느끼고, 자신도 다른 사람을 칭찬하게 된다. 예수님도 하느님 아버지의 칭찬을 받은 분이다. 요르단 강에서 세례를 받은 예수님께 하느님 아버지는 "이는 내가 사랑하는 아들, 내 마음에 드는 아들이다"(마태 3,17)라고 칭찬하셨다. 부모가 자녀에게 이렇게 칭찬한다면, 자녀는 사랑 안에서 성장할 것이다. 복음화된 삶과 사회를 위해 칭찬 문화를 적극적으로 실현해야 한다.

'칭찬 캠페인'을 전개한 마지막 이유는 칭찬이 올바

◆ 예수님을 영접하기 위해 나무 위에 올라간 자캐오.(조토 디 본도네, '예루살렘 입성', 프레스코, 1304~1306, 파도바 박물관)

른 신앙생활을 위한 유용한 도구이기 때문이다. 칭찬은 보이지 않는 하느님의 사랑을 이웃 안에서 드러내는 방법이다.(1요한 4,21 참조) 바오로 사도는 남을 배려하고 행복하게 하는 칭찬이 성령을 기쁘게 하는 일이라고 말했다.(에페 4,29~32 참조)

칭찬은 세관장 자캐오를 회개의 길로 이끌었다. (루카 19,1~10) 키가 작아 죄인으로 소외된 그의 이름을 불러준 예수님의 행위는 그의 존재를 인정하고 받아주는 칭찬의 행위였다. 그 결과 자캐오는 자신의 재산 절반을 가난한 이들에게 나누어주겠다고 약속하며 새로운 인간으로 변화되었다. 이처럼 칭찬의 신앙적·영성적 의미는 하느님의 자비와 사랑을 닮았다. 여러분 모두를 '칭찬합시다' 캠페인에 초대한다.

# 지역사회를 향한
# 본당 사목

**4**

## : 바깥으로 나가는 역동성

2020년 6월, 교황청 성직자부가 새 훈령 「교회의 복음화 사명을 위한 본당 공동체의 사목적 회심」을 반포했다. 이 훈령의 핵심은 모든 신자의 선교적 소명을 재발견하고, 본당 사목이 단순히 구역 내에 제한된다는 고정관념을 넘어 본당 구조를 쇄신해야 한다는 것이다. 이 훈령은 본당 공동체가 나아가야 할 방향을 제시했다는 점에서 큰 의의가 있다.

"본당은 단지 자기 보존만을 생각할 것이 아니라 복음 선포를 위해 자신의 경계를 넘어 바라볼 줄 알아야 합니다"라는 당시 성직자부 장관 스텔라 추기경의 말이 특히 주목할 만하다. 오늘날 본당들이 복음화에 힘쓰기보다 자기 보존에만 관심을 기울이는 관료조직 구조에 머물고 있지 않은지 반성하게 된다. 스텔라 추기경은 이어서 이렇게 말한다. "어쩌면 지금까지 본당은 지키고 보호해야 할 성이나 궁전처럼 느껴졌을지도 모릅니다. … 열쇠를 없애고, 문을 열고, 내부 공기를 환기시키고, 바깥으로 나가야 합니다. 바로 이것이 교황님이 여러 차례 말씀하시던 '바깥으로 나가는 역동성'의 의미입니다."

저명한 사회학자 지그문트 바우만이 언급한 대로 최근

◆ '제110차 세계 이주민과 난민의 날' 포스터. 한국 교회는 "이주민들과 함께 걸어가는 것이 교회의 사명"이라고 선포했다.

우리가 살고 있는 세상은 세계화와 디지털화로 인해 모든 것이 유동적이 되었다. 과거 견고했던 사회는 이제 액체처럼 출렁이는 '액체 근대 사회'로 변화하고 있다. 통신과 교통의 발달로 이동성이 증가하면서, 공동체를 이루며 한곳에 정착해 살아가던 방식이 쇠퇴하고, 직장·여행·취미 등에 따른 잦은 이동으로 반모임이나 구역모임 같은 기존의 소공동체 모임도 점차 약화되고 있다.

게다가 난민, 이주노동자, 국제결혼 등으로 인해 이주민 이동이 급증하면서 난민사목, 이주노동자 사목, 다문화가정사목 같은 새로운 사목이 더욱 요청되고 있다. 어지럽게 급변하는 세상 속에서 교회와 본당 공동체는 어떤 모습으로 탈바꿈해야 할지 시험대에 올라 있는 듯하다.

## : 사목과 선교의 경계를 넘어서야

이런 상황에 교황청 성직자부의 새 훈령은 본당 사목의 패러다임 전환을 위한 적절한 계기를 마련해주고 있다. 프란치스코 교황은 일찍이 "교회는 '야전병원'과 같다"고 말씀

# 교회는 야전병원과 같다

"교회는 '야전병원'과 같습니다. …
오늘날 교회가 할 일 가운데 상처를 치유하고 믿는
이들의 마음을 따뜻하게 하는 것이 가장 필요합니
다. 교회는 전투가 끝난 뒤의 야전병원입니다. …
심각하게 다친 사람에게 콜레스테롤이 높은가 혈당
치가 어떤가 물어보는 일은 쓸모없는 일입니다.
우리는 그가 입은 상처를 치유하고 나서 나머지 것
에 대해 말할 수 있습니다."

프란치스코 교황,
『치빌타 카톨리카(La Civiltà Cattolica)』
인터뷰(2013. 08.)에서

하신 적이 있다. 본당은 단순히 찾아오는 사람들을 위한 사목에 머무르지 말고, 아프고 상처받은 이들을 찾아 나서 돌보고 치유하는 역할을 해야 한다는 뜻이다. 본당 경계를 벗어나 밖으로 나가 하느님의 사랑을 증거해야 한다. 다시 말해 본당 사목은 복음화를 위해 진정으로 '선교적'이 되어야 한다.

이제 사목은 사목, 선교는 선교라는 이분법적 고정관념을 깨야 한다. 예를 들어 선교 활동을 본업으로 하는 성골롬반외방선교회가 최근에는 민족화해와 일치를 위한 '평화 사목'의 활동을 하고 있다. 선교단체가 자연스럽게 사목 활동을 전개하고 있는 것이다.

본당 사목 역시 마찬가지다. 사목의 개념이 확장되면서 선교와 호환되는 때이다. 본당 사목은 본당 경계를 넘어 바깥세상을 향해야 한다. 본당 사목이 단지 남아 있는 구성원들을 위한 것으로 국한될 것인지, 아니면 본당 경계를 넘어 가난하고 고통 받는 이들을 돌보고 치유하고 그들과 함께 나누는 '선교적인 공동체'로 변모할 것인지 선택해야 한다.

"자기 안위만을 신경쓰고 폐쇄적이며 건강하지 못
한 교회보다는 거리로 나와 다치고 상처받고 더럽혀
진 교회를 저는 더 좋아합니다. 저는 중심이 되려고
노심초사하다가 집착과 절차의 거미줄에 사로잡히
고 마는 교회를 원하지 않습니다. 진정으로 우리를
불안하게 하고 우리의 양심을 괴롭히는 무엇인가가
있다면, 그것은 바로 수많은 우리 형제자매들이 예
수 그리스도와 맺는 친교에서 위로와 빛을 받지 못
하고 힘없이 살아가고 있다는 사실입니다."

- 『복음의 기쁨』 49항

# 배려와 돌봄이 필요한
# 청년들

**5**

## ⋮ 청년들을 위한 공간

상봉동 성당 주임신부로 부임한 지 10개월이 지났을 때 본당의 전반적인 현황을 어느 정도 파악할 수 있었다. 신자들에게 필요한 다양한 사목을 수행할 계획이었지만, 1인 가구 청년들이 넘쳐나는 지역사회를 생각할 때 본당 밖을 향한 청년 사목에 주목하지 않을 수 없었다. 당시 상봉동 지역은 몇 년간 정부 정책에 따라 청년 주택 공급 촉진 지구로 지정되면서 많은 청년이 유입되고 있었다. 이에 따라 청년들을 위한 식당, 카페, 술집, 편의점 등이 늘어선 '먹자거리'가 생겨나 저녁이면 젊은이들로 붐비는 장소로 변화하고 있었다.

반면 본당에서는 평일 두 대의 미사를 전후로 신자들이 오고 갈 뿐, 그 외의 시간에는 사무실을 제외한 공간이 불 꺼진 채 텅 비어 있었다. 본당 밖에서 청년들이 찾는 공간은 술집, 노래방, 당구장 등 대체로 비좁고 비용을 지불해야 하는 곳이었다. 이 지역의 청년들에게 진정한 쉼터가 없다는 생각이 들었다.

그들이 마음껏 편히 쉴 수 있고, 커피를 마시며 책을 읽거나 배가 고프면 컵라면이나 빵을 자유롭게 먹을 수 있는 공간이 있다면 얼마나 좋을까? 나아가 외롭고 우울할 때 마음의 치유를 받을 수 있는 상담실까지 갖추어진다면 더할

◆ 상봉동 성당 주변 1인 가구 청년들이 답한 내용의 주요 키워드로 만든 워드 클라우드.

◆ '1인 가구 청년 사목 방안'을 주제로 상봉동 성당에서 열린 상봉동 성당과 한국가톨릭문화연구원의 합동 세미나(2022. 11)

나위 없을 것이다.

이러한 생각에서 상봉동 성당과 한국가톨릭문화연구원은 2022년 11월 20일, '1인 가구 청년 사목 방안 세미나'를 공동으로 개최했다. 이를 준비하며 상봉동 지역에 거주하는 1인 가구 청년들을 대상으로 설문조사를 실시했다.

혼자 사는 20~30대 청년 253명을 어렵게 조사했다. 조사 결과, 성당에 기대하는 바는 정서 지원 프로그램, 모임 휴게 공간 마련, 인적 교류 프로그램, 자립을 위한 경제적 지원, 밥집 등 생활 지원 시설, 공부와 독서를 위한 공간 운영 순이었다. 구체적인 프로그램으로는 주거 지원, 정서 지원, 요리 등 소셜 다이닝, 사회관계망 형성, 독서 모임 순으로 참여 의향을 보였다. 이 설문조사와 세미나를 통해 본당 공간을 지역사회의 1인 가구 청년들을 위한 문화공간으로 활용할 타당성과 명분을 갖추게 되었다.

이후 남은 과제는 본당 신자들과 협의하여 1층 휴게실을 청년 문화공간으로 바꾸는 작업과, 외부에서 오고가는 비신자 청년들에 대한 본당 신자들의 잠재적인 거부감을 해소하는 것이다. 물론 처음부터 모든 것을 완벽하게 갖추고 시작할 수는 없겠지만, 작은 돌봄부터 시작해 마음이 통하는 공간을 만들어나가야 할 것이다.


## ⋮ 배려와 돌봄, 소통을 위하여

최근 청년들의 탈종교화 현상이 가속화되고 있다. 2021년 기준 2030세대 신자 비율은 25.7퍼센트로 역대 최저치를 기록했다. 전체 신자 수 감소의 주요 원인이 청년층에 있다. 본당 청년 단체들은 활동 인원 부족으로 존속 자체가 어러운 상황이며, 수직적이고 권위적인 본당 분위기 때문에 교회를 떠난 청년들도 많다. MZ세대에 대한 이해 부족도 한몫 했을 것이다.

그럼에도 불구하고 2021년 의정부교구에서 문을 연 청년센터 '에피파니아'는 청년들에게 인기 있는 장소로 자리 잡고 있다. 평소에는 청년들의 휴식 공간으로 활용되며, 퇴근길 미사, 상담, 고해성사 등이 이루어지는 사목 공간으로

✦ 의정부교구에서 문을 연 청년센터 에피파니아. 에피파니아(Epiphania)는 주님 공현 대축일을 뜻하는 라틴어다. 청년들이 이곳에서 자기 삶의 메시아를 만나기를 바라는 마음에서 지은 이름이다.

기능하고 있다. 고양시 일산 호수공원 인근 식당과 쇼핑센터가 밀집한 거리에 위치해 있고, 최근에는 영유아 자녀를 동반한 젊은 부모를 위한 크라잉 베이비 미사를 운영하는 등 '본당을 넘어선 제2의 사목 장소'로 주목받고 있다.

청년센터 '에피파니아'와는 다르게, 상봉동 성당의 청년문화공간은 사목적 성격보다는 지역의 1인 가구 청년들을 위한 배려와 돌봄의 공간으로 자리매김해야 한다. 또한 청년들이 주체적이고 자발적으로 만들어가는 공간이 되어야 한다. 또한 청년문화공간이 청년들을 위한 것이지만 그들만의 배타적 공간이 아니라 다른 세대들, 특히 성당 기존 구성원들과 어우러질 수 있는 세대 소통의 공간이 되어야 할 것이다.

# 본당 공간을 활용하는
# 사목

**6**

## : 성스러움의 일상화

어느 본당에서 혼인미사를 주례한 적이 있다. 그 본당의 제
단 높이가 오래 기억에 남는다. 신자 자리에서 보면 제단이
꽤 높아 제대와 사제를 우러러볼 정도였다. 왜 이렇게 제단
을 높게 만들었을까? 너무 높다 보니 계단도 많고 각 계단
의 높이 또한 높아서 오르내릴 때 넘어지지 않기 위해 상당
히 조심해야 했다. 무릎에 약간의 통증까지 느껴졌다. 불편
함이 이만저만 아니었다.

　제단 아래 신자들에게는 감히 넘을 수 없는 선 너머에
제단과 사제가 존재하는 느낌을 줄 것 같았다. 보이지 않는

제단 장궤틀이 놓인 듯 성속 이원론이 아직도 작동하는 듯했다. 물론 성스러운 것과 속된 것을 구분하는 것은 필요하지만, 지나친 분리가 성스러움의 일상화를 방해하지 않을까 우려했다.

제단과 신자 자리로 구성된 성전은 성체 안에 현존하시는 하느님이 거처하는 장소이며, 가톨릭 신자들이 미사와 기도를 드리는 공간이다. 성전은 거룩한 장소이지만 최

◆ 상봉동 성당 성전에서 열린 별빛콘서트 "희망"(2024, 12.10)

근에는 문화공간으로도 자주 활용되고 있다. 성전에서 음악회, 콘서트, 주일학교 성탄제 등 공연과 행사가 이루어진다.

과거에는 제단에서 미사 외에 어떤 행사도 금지할 정도로 엄격했다. 현대에 들어와 조금씩 허용되기 시작했는데, 1980년대에는 제단에서 행사를 할 때에는 천으로 감실을 가리거나 성체를 다른 곳에 모셨다. 요즘은 성체를 모신 채로 제단에서 각종 행사를 하고 있다. 유럽의 고풍스러운 성당들은 이미 음악회나 콘서트를 개최하며 성전 공간의 일상화를 이룬 사례가 많다.

본당은 도시 안에서 많은 공간을 보유하고 있는 곳이다. 소성전, 강당, 교실, 휴게실이나 카페, 성체조배실, 우리 농매장 등 다양한 공간이 본당 안에 있다. 사목평의회 회의, 레지오 마리애 주회, 구역반모임 등 각종 단체 모임을 하는 곳이다. 그런데 그 시간이 대부분 미사 전후이다. 주일을 제외하고 주중의 오전과 저녁 미사 시간 외에는 본당의 대부분 공간이 비어 있는 상태이다. 반면 지역사회는 주중에 많은 공간이 필요하다. 이런 상황에서 주중 유휴 시간의 본당 공간을 지역사회에 개방하면 어떨까?

## ：본당 공간을 지역사회 사목의 장으로

본당 공간을 지역사회와 공유하며 나눔을 실천하는 것은 어렵지 않다. 전에 서울시 심리지원센터와 연계된 도예 공방에서 '세라믹테라피' 프로그램을 진행하기 위해 본당 교실 사용을 요청한 적이 있었다. 계획했던 장소가 갑자기 문을 닫아 본당에 도움을 문의한 것이어서 흔쾌히 허락해주었다. 이렇게 지역사회의 좋은 문화 프로그램을 본당 공간에 유치하거나 청소년 공부방으로 일정 시간을 허용하는 등 본당이 내부 공간을 활용해 지역사회와 소통하는 것이 필요하다.

우리나라는 한 집 걸러 카페가 있을 정도로 카페가 많다. 최근 카페는 단순히 음료를 마시는 장소를 넘어 전시회, 작은 음악회, 시 낭송회, 공연 등이 열리는 복합문화공간으로 변모하고 있다. 그래도 가장 선호하는 형태는 '북카페'이다. 책장으로 둘러싸인 분위기에서 책을 읽거나 구매할 수 있는 다목적 공간이라 하겠다.

과거 본당에는 신자들이 만남과 친교를 나누는 휴게실이 있었는데 요즘은 대부분 카페 형식으로 전환하여 만남

◆ 상봉동 성당 스텔라 북카페 행사 포스터(2024.5.31.)

의 공간을 운용하고 있다. 본당에서 카페 형식의 공간을 운용할 계획이라면 단순히 커피와 차를 마시는 장소에 그치지 않고 북카페로 꾸미는 것이 더 바람직하다.

본당 안 북카페에서 신자들이 영성 서적이나 일반서적을 접할 기회를 가질 수 있을 것이다. 한쪽에 조그마한 책상과 의자를 놓아 '성경 이어쓰기 코너'를 마련해두면 지나가는 누구나 한 줄이라도 쓰며 하느님을 만나고 그분의 말씀을 들을 기회를 가질 수 있다. 여기에 작은 음악회, 시 낭송회, 출판기념회, 성화나 성물 전시회를 개최하고, 전시된 성화나 성물 판매 수익금을 어려운 이웃을 위해 사용한다면 본당 북카페의 활용도를 극대화할 수 있을 것이다.

본당 공간을 지역사회와 신자 모두가 함께 활용할 수 있는 장으로 만들어가는 노력이 필요하다. 이러한 본당 공간 사목을 실천하려면 사목자의 열정과 창의성, 그리고 의지가 반드시 뒷받침되어야 한다.

# 선교적이며
# 공적인 교회

## : 상처와 아픔을 치유하고 돌보는 교회

본당에서 주일 교중미사 후 사목위원, 구역장, 단체장이 휴게실에 모여 국수와 김밥으로 점심식사를 함께 한 적이 있다. 오후 시간을 활용해 오후 6시 미사 전까지 사목평의회 연수를 실시하기 위해서였다. 매년 진행하던 행사였지만, 그때는 피정센터나 수련원 같은 외부 시설이 아닌 본당에서 진행하기로 했다.

본당 사목평의회장의 인사말로 시작된 연수의 첫 번째 순서는 본당신부인 나의 강의였다. 강의 제목은 '선교적·공적 본당 공동체'였다. 그해 본당 사목교서 표어인 "선교하는 본당 공동체"를 부연설명하기 위함이었다. 오늘날 선교적인 교회는 시대와 사회 안에서의 공적 역할과 밀접히 연결되어 있다는 판단 아래 '공적'이라는 주제도 함께 다루고자 '선교적·공적 본당 공동체'로 강의 제목을 결정했다.

먼저 '선교적인 본당 공동체'에 대해 이야기를 시작했다. 코로나19의 경험을 바탕으로 교회는 더욱 선교적인 실천을 해야 한다고 강조했다. 여기서 말하는 선교는 하느님을 모르는 사람들에게 교리를 가르쳐 세례를 받게 하는 전통적인 의미도 포함하지만, 프란치스코 교황이 역설해온 '야전병원'의 역할을 해야 한다는 점을 강조했다.

안정된 병원처럼 가만히 앉아 찾아오는 환자들만 돌보는 것이 아니라 전쟁터에서 다친 인원을 치료하는 야전병원처럼, "교회도 이제는 본당 울타리 안에만 머물지 않고 밖으로 나가 사회적으로 '변방에 있는 사람들'의 상처와 아픔을 치유하고 돌보는 사목을 해야 한다"고 말했다.

나는 프란치스코 교황의 "선교하지 않으면 신앙은 자기만족에 불과하다"는 말씀에 깊이 공감한다. 본당 울타리 안에서만 이루어지는 사목은 자칫 자기 보존과 자기만족에 머물거나 관료적 형태로 변질될 위험이 있기에 자기 쇄신을 위한 선교가 중요하다.

본당에서 '1인 가구 청년들을 위한 사목 방안'을 주제로 세미나를 개최한 것 역시 같은 맥락의 의미를 지닌다. 본당 밖 지역사회의 1인 가구 청년들을 위한 새로운 청년 사목을 시도한 것이다. 세미나 결과 비어 있는 본당 휴게실을 북카페로 전환해 본당 신자들에게는 친교와 대화의 공간을 제공하고, 지역 청년들에게는 문화 공간이자 쉼터로 활용하며 돌봄과 배려의 청년 사목 역할을 하자는 결론에 이르렀다. 사목평의회 연수 참가자들에게 이 내용을 설득했고, 마침내 공식적으로 모두의 동의를 얻었다.

## ⋮ 종교의 공공성

강의는 자연스럽게 '선교적인 본당 공동체'에서 '공적인 본당 공동체'로 이어졌다. 선교적 교회는 반드시 공적 역할을 동반하며 공적 영역에서 복음적 가치를 실현해야 한다는 점을 강조했다. '종교의 공공성'이라는 개념은 코로나19를 겪으면서 더욱 부각되었다.

2024년 한국리서치가 실시한 '주요 종교에 대한 호감도' 조사에서 가톨릭은 48.6, 불교는 51.3퍼센트로 높은 호감도를 보였지만, 개신교는 35.6퍼센트로 상대적으로 낮은 호감도를 기록했다. 이는 정부 방역 방침에 대한 순응 여부와 관련이 있었다. 종교가 공공성을 띨 때와 그렇지 않을 때, 사람들이 느끼는 신뢰도나 호감도에 큰 차이가 있었다.

　　가톨릭이 가장 높은 호감도를 얻은 데는 '명동밥집' 같은 무료급식소 운영도 한몫했다고 할 수 있다. 종교는 모든 시대와 사회·문화적 맥락에 마땅한 역할과 의무를 실천

◆ 명동밥집은 서울대교구에서 운영하는 무료급식소다. 매주 수·금·일요일에 노숙인과 홀몸노인을 위해 하루 평균 약 800인분의 식사를 무료로 제공하고 있다.

해야 한다는 '종교의 공공성'을 사목회에 설명했다. 본당에서 지역사회의 1인 가구 청년들을 돌보고 배려하는 것 역시 이러한 공공성에 기초한 본당의 공적 역할임을 기억하자며 사목회 연수를 마쳤다.

본당 공동체는 '선교적 특성'과 '공적인 특성'을 동시에 지닌다. 선교적 특성에서 공적 특성이 배제되면 일방적이고 근본주의적인 선교의 위험이 있고, 공적 특성에서 선교적 특성이 배제되면 교회의 존재 의미가 결여된 세속화된 교회로 전락할 수 있다. 본당 공동체의 선교성과 공공성은 동전의 양면처럼 상호의존적이라고 할 수 있다.

## "서로에게 밥이 되어주십시오."

### - 김수환 추기경

한국 가톨릭교회와 서울대교구의 상징인 명동에서
노숙인 및 홀몸노인을 위한 식사를 제공하는 무료
급식소다. 2021년에 처음 문을 열었다. 무료 급식 외
에 소외되고 가난한 이들이 사회적 고립에서 벗어
나 사회구성원으로 복귀할 수 있도록 자활사업도 벌
이고 있다. 명동밥집이 추구하는 핵심가치는 '자비
(MERCY)'다. 이 자비는 궁극적으로 하느님의 자비
를 지향한다. "서로에게 밥이 되어주십시오"라고 했
던 김수환 추기경의 말씀처럼, 우리 사회 속 가난하
고 소외된 이들을 초대하여 한 식탁에서 함께 앉아
음식을 나누며 예수님께서 보여주신 오병이어의 기
적과 사랑을 보여주고 있다.

제 4 부

돌봄과 치유 :
신앙의 의미와
역할

# 돌봄 사목이
# 시급하다

**1**

## : 돌봄의 부재가 낳은 비극

'돌봄'이 사회적 이슈로 떠오르고 있다. 과거 돌봄은 주로 양육이나 간호처럼 사적인 행위로 간주되었다. 아울러 아이들의 양육이나 거동이 불편한 노부모의 돌봄은 당연히 여성들이 담당하는 일이라는 생각에 '독박 육아', '독박 간병'의 스트레스와 고통을 감내해야 했다.

시대가 바뀌면서 돌봄이 사회적 체계 안에 포함되기 시작했다. 아이들의 양육은 점차 조부모나 어린이집 또는 학원으로 넘어가고, 노부모 간병은 요양원으로 옮겨졌다. 하지만 돌봄은 여전히 여성의 일이라 생각하는 인식이 남아 있었다. 특히 여성이 하는 일은 '비생산적'으로 간주하는 구시대적 통념이 지속되면서 돌봄 노동은 저임금과 낮은 사회적 지위에 묶여 있었다.

　　최근 텔레비전 공익광고에서 '아줌마 No! 요양보호사!'라는 캠페인을 보았다. 돌봄 노동에 종사하는 여성들에 대한 사회적 인식이 변화하고 있음을 느낄 수 있었다. 이제 '돌봄'은 가정, 친족, 공동체, 국가, 지구 전체 등 모든 영역에서 우선적 의미로 자리 잡아감을 느낄 수 있었다. '그림자

◆ 돌봄 노동자의 권리보장을 위한 법제화도 시급한 과제이다.

국가'라 불리는 초국적 기업들이 주도해온 세계화는 결국 돌봄의 부재, 즉 무관심의 구조를 일반화하며 가난한 이와 사회적 약자를 돌보는 데 실패한 결과를 낳았다.

한국보건사회연구원이 발간한 「2022년 빈곤 통계연보」에 따르면, 2020년 1인 가구 빈곤율이 47.2퍼센트에 이르는 것으로 나타난다. 특히 65세 이상 노인 1인 가구의 빈곤율은 72.1퍼센트로 가장 높으며, 중년(38.7퍼센트), 청년(20.2퍼센트), 장년(19.5퍼센트) 순으로 이어진다. 이러한 빈곤율 증가는 고령화와 청년 세대의 1인 가구 증가와 관련이 깊으며, 이는 '고독사'와 '자살률 증가'로 이어지고 있다.

## ⦂ 돌봄 사목의 필요성

프란치스코 교황은 회칙 「복음의 기쁨」(53~54항)에서 '무관심의 세계화'를 언급하며 가난한 이들, 태아, 노인, 실업과 비정규직 청년 등 사회에서 쓸모없다고 여겨지는 이들을 '쓰레기 문화'로 취급하는 현실을 지적한다. 교황은 단순히 현실 비판에 그치지 않고 실제로 무관심과 대립의 문화를

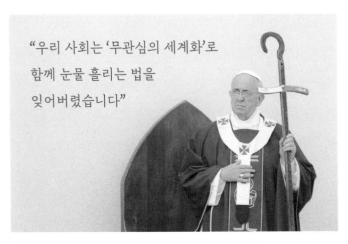

"우리 사회는 '무관심의 세계화'로
함께 눈물 흘리는 법을
잊어버렸습니다"

◆ 무관심의 세계화는 결국 돌봄 문화의 확산으로 극복할 수 있다.

극복할 방안으로 모든 분야에서 '돌봄 문화'의 확산을 강조
한다. 돌봄의 체계화와 제도화가 필요하다는 목소리가 커
지면서 교회 안에서도 돌봄 문화를 확산하기 위한 '돌봄 사
목'이 시급하게 요청되고 있다.

　코로나19 시기 가톨릭은 노숙인을 위한 '명동밥집' 운
영과 쪽방 봉사를 통해 사회적 신뢰를 받고 있다. 하지만 교
회는 여기에 만족해서는 안 된다. 아동과 청소년 돌봄, 1인
가구 청년과 노인 돌봄, 영적 돌봄을 위한 심리상담 등 다양
한 형태의 돌봄 사목을 실행해야 한다.

교회의 사랑 실천은 결국 돌봄으로 드러나야 한다. 복음서의 '착한 사마리아인의 비유'(루카 10,29-37)는 진정한 돌봄의 모델을 제시한다. 사마리아인은 강도에게 당한 사람에게 다가가 상처를 치유해줄 뿐 아니라 그를 여관 주인에게 데려가 나을 때까지 돌봄을 요청한다. 여관 주인은 돌봄의 '협력자'이자 '사회적 인프라'에 해당한다.

이 시대의 돌봄 사목은 고통 받는 이들에게 다가가 상처를 치유하는 역할과 더불어 공동 돌봄이 가능한 돌봄 인프라를 구축하기 위해 '모두의 연대'를 이끌어야 한다. 지역 본당들이 이러한 공동 돌봄의 인프라 역할을 할 수 있다. 본당 공동체가 기존의 돌봄에 머무르지 않고 돌봄 사목의 플랫폼이 되기를 기대한다.

# '장벽의 문화'를 허무는 형제애

**2**

## ⋮ 형제애 실천

코로나19 상황에서 한국천주교회는 '가난한 나라를 위한 백신 나눔 운동'을 벌여 모금액을 교황청에 전달했다. '백신 나눔 운동'은 성 김대건 안드레아 신부 탄생 200주년 희년을 맞아 전개했다는 의미도 지녔다. 본당별, 개인별로 다양하게 참여하여 선진국 반열에 오른 한국의 국제적 지위에 걸맞은 백신 나눔이 이루어졌다는 자부심을 느낄 수 있었다.

당시 프란치스코 교황은 '백신의 보편적 보급'을 여러 차례 강조했다. 2021년 주님 부활 대축일을 맞아 발표한 교

◆ 한국 교회의 '백신 나눔 운동'은 다양한 형태로 전개되었고, 보편적 형제애와 '열린 형제애'를 실천한 사례로 알려져 있다.

황 강복 '우르비 에트 오르비(Urbi et Orbi)'에서 "국제사회가
책임 의식을 갖고 백신 공급 지연을 극복하는 한편, 특히 가
난한 나라에도 충분한 백신이 돌아가도록 힘써 줄 것"을 간
청했다.

교황청 애덕봉사부(옛 교황청 자선소)는 2020년 1월 백신
나눔을 위한 온라인 기부를 시작했고, 성주간에 노숙인 1천
200명을 대상으로 백신 접종을 시행하기도 했다. 이러한 활
동은 교황이 선포한 회칙「모든 형제들」(2021)의 핵심인 '형
제애'를 실천하려는 뜻을 담았다.

세계보건기구(WHO)에 따르면 코로나19 상황에서 미
국을 포함한 몇몇 선진국에서는 상당수 국민이 백신 접종
을 완료한 것에 비해 저소득 국가들은 백신 생산량의 1퍼센
트 미만만 분배받았다. '백신 선도국의 독점'으로 인한 불평
등한 분배가 이루어졌음이 명백했다. 더욱이 취약 계층이
백신 없이 죽어가는 상황에서 일부 국가가 귀중한 백신을
부스터 샷(추가 접종)으로 사용하려는 시도가 분노를 일으키
기도 했다.

## ： '장벽의 문화'를 넘어서자!

불평등한 백신 배분은 국가 간, 국민 간의 계급과 위계를 형성하며 생명의 등급화를 초래할 우려가 있었다. 더욱 치명적인 결과는 느리고 불평등한 백신 접종으로 인해 새로운 변이 바이러스가 출현해 인류 전체를 위협할 수 있었다. 국제적 연대와 협력을 통해 저소득 국가들의 백신 접종이 평등하게 이루어져야 함을 강조했던 이유였다.

일부 선진국의 백신 독점과 그로 인한 불평등한 분배 현상은 프란치스코 교황의 회칙 「모든 형제들」에 나오는 '장벽의 문화'(27항, 146항)에 해당한다. '장벽의 문화'는 자기 보존을 위해 새로운 방어벽을 세우는 이기적 독점적 자기 보호의 태도를 의미한다. 외부 세계를 배제하고 '나만의 세상'에 안주하려는 모습이다. 회칙은 이에 대한 대안으로 '착한 사마리아인의 영성'을 제시한다.

착한 사마리아인의 비유에는 강도, 강도를 만난 사람, 사제, 레위인, 여관 주인, 사마리아인이 등장하는데, 이들을 통해 오늘날 상황을 성찰할 수 있다. 강도를 만난 사람은 '장벽의 문화로 인해 위험에 처한 이들이고, 사제와 레위인은 외부와 장벽을 쌓으며 이기주의에 빠진 이들이다. 여관 주인은 생명의 공간과 혜택을 제공하는 협력자이며, 사마리아인은 단절과 분리의 장벽을 허물고 자비와 사랑 그리고 치유와 돌봄을 실천하는 이들이다. 이 비유는 장벽의 문화로 위험과 고통에 처한 사람들을 환대하고 포용하는 자비와 사랑에 의해 경계 없는 보편적 형제애가 실현됨을 보여준다.

착한 사마리아인은 "공동운명을 추구하면서 다른 사람들의 연약함에 책임을 질 줄 아는"(115항) 존재이다. 그 형제애를 구체적으로 실현하기 위해서는 여관 주인과 같은 협력자 또는 사회적 인프라와 연대가 필요하다.

코로나19 이후에도 전 세계는 여러 '장벽의 문화' 속에서 엄청난 고통을 겪고 있다. 프란치스코 교황이 강조한 '보편적 형제애'와 '열린 형제애'를 실천하며 고통받고 소외된 이들을 가족의 일원으로 포용하는 연대가 필요하다. 코로나 백신을 가난한 나라들과 나눈 것이 이런 형제애의 모범을 보여준 실천이었음을 기억해야 한다.

## : 한국 교회의 백신 나눔 운동

2021년 주님 부활 대축일에 프란치스코 교황이 국제사회를 향해 백신 나눔을 당부하자 한국 교회는 곧바로 백신 나눔 운동에 돌입했다. 주교회의의 결정에 따라 전국 교구가 모금을 진행했는데, 교회 안팎에서 크고 작은 기부가 줄을 이었다. 기업과 기업인부터 청년, 의료인, 초등학생까지 자발적으로 성금을 모았다. 그리고 각 교구는 물론 평신도 단체와 언론기관도 ARS로 모금했다. 주교들은 ARS 모금 활성화를 위해 뮤직비디오에 직접 출연하기도 했다.

이렇게 한국 교회가 1년간 모금한 금액은 모두 105억 원에 달했다. 17만 5천 명이 백신을 두 차례 맞을 수 있는 금액이다. 프란치스코 교황은 한국 교회의 백신 나눔 기금을 전달 받은 뒤 "코로나19로 고통받는 이들을 위해 보내준 기금에 감사드립니다. 교황청 애덕봉사부가 도움이 필요한 이들을 잘 도울 것입니다"라고 감사 편지를 보내왔다. 가난한 나라에 사랑의 백신을 전하기 위해 진행된 '백신 나눔 운동'은 지구촌 백신 격차를 녹이며, 형제애의 모범을 보인 사례로 기억되고 있다.

"눈에 보이는
자기 형제를
사랑하지 않는 사람이
보이지 않는
하느님을
사랑할 수는 없습니다."

(1요한 4,20)

# 세상을 향해 열린
# 교회

### 3

## : 노리치의 줄리안

전 세계가 여러 가지 문제로 고통 받고 있는 이 시대에 교회가 가장 먼저 해야 할 일은 시대적 징표를 읽고 올바르게 대처하는 것이다. 교회는 울타리 안에 머무르지 않고 잃어버린 양들과 고통 받고 소외된 이들을 찾아가 함께하는 '선교적 교회'가 되어야 한다.

세상 속에서 복음의 기쁨을 전하는 선교적 공동체가 된다는 것은 사제와 평신도들이 '선교를 핵심으로 하는 사목'(「복음의 기쁨」 35항)을 실천하며 '찾아가는 사목'과 '함께하는 사목'을 동시적으로 수행해야 함을 의미한다.

선교는 단순히 신자를 늘리는 교세 확장의 목적을 넘어 하느님 사랑의 증거이며 나눔이다. 이러한 선교를 실천하는 데 모델이 될 수 있는 한 은수자의 삶을 소개하고자 한다. 중세 영국의 신비가인 노리치의 줄리안(Julian of Norwich)이다.

줄리안의 일생에 대해서는 알려진 바가 적지만, 그는 1342년에 태어나 봉쇄 은수자의 삶을 살았다. 그의 시대는 흑사병, 영국과 프랑스 간 백년전쟁, 교회의 타락과 부패로 인해 총체적 재난의 시대였다. 그렇게 암울한 시대에 줄리안은 환시를 통해 하느님의 사랑과 자비를 전하며 "모든 것이 잘될 것"이라는 궁극적인 희망의 메시지를 남겼고, 이는 재난의 고통 속에 있던 사람들에게 큰 위안을 주었다.

## ⁝ 세상 속 은둔 수도자

줄리안은 은수자가 되기 전 서른 살 때 중병에 걸려 병자성사를 받을 정도로 위중한 상황에서 16개의 환시를 경험했다. 이 신비 체험 이후 그는 병에서 회복되어 은수자로서의

◆ 노리치의 줄리안. 노리치 성당 앞면에 조각되어 있다.(데이비드 홀게이트, 2014)
손에 들고 있는 책 『신성한 사랑의 계시(Revelations of Divine Love)』는 병고 중에
하느님께 받은 16번의 계시와 그에 대해 묵상한 내용을 기록한 책이다.

삶을 살기 시작했다.

당시 은수자들은 사막에서 은둔하던 옛 모습과 달리 성당에 딸린 작은 방에서 평생 기도와 관상에 전념하며 살았다. 줄리안의 방에는 세 개의 창문이 있었다. 첫 번째 창문은 음식과 생활에 필요한 물품을 공급받는 창문이었다. 두 번째 창문은 교회의 제단을 향한 창문이었는데, 그는 이 창문을 통해 한 달에 한 번 미사를 봉헌하고 성체를 모셨다. 세 번째 창문은 거리로 나 있는 창문이었다. 이 창문을 통해 그는 위안을 구하러 찾아온 사람들과 대화하며 그들을 위해 기도했다.

줄리안은 작은 방에서 '종신 자가격리' 생활을 하면서도 세상 사람들과 소통한 '세상 속 은둔 수도자'였다. 기도할 때도 세상 사람들의 아픔과 슬픔과 고달픔을 잊지 않았다. 줄리안이 하느님과의 대화만을 위해 첫 번째와 두 번째 창문만 사용하고 거리로 난 창문을 닫아버렸다면 자기만족에 머무는 은수자로 남았을 것이다. 그러나 그는 거리로 난 창문을 통해 사람들과 소통하면서 그들의 고통을 위로하고 치유했기에 진정한 은수자로 기억되고 있다.

## ：　세상을 향해 열린 창

몇 년 전 방송과 영화로 소개된 〈봉쇄수도원 카르투시오〉
(2020)를 보며 철저히 외부와 단절된 수도자들이 기도와 미
사를 통해 세상과 연결되어 있음을 알게 되었다. 수도자들
은 세상 사람들의 고통과 아픔이 담긴 쪽지를 읽고 그들을
위해 기도한다.

◆ 〈봉쇄수도원 카르투시
오〉(2020)

교회도 마찬가지다. 세상을 향한 창문을 닫아 거는 교회는 폐쇄적이고 자기중심적인 교회이다. 신자들끼리만 소통하고 나누는 공동체는 이기적일 수밖에 없다. 교회도 세 개의 창문을 열어야 한다. 그중에서도 세상을 향한 창문은 갈등과 고통이 심각한 이 시대에 더욱 절실하다. 노리치의 줄리안처럼 세상을 향한 창문을 통해 고통 받고 소외된 사람들을 자비롭게 바라보고, 소통하며, 위로해야 한다. 그것이 교회의 기본 사명이며 선교의 핵심이다.

# 탈종교화 시대에 대응하는
# 교회

**4**

## : 신자가 줄어드는 이유

정말 우리는 탈종교화 시대에 접어들었을까? 최근 개신교
의 한 연구소 통계조사에 따르면, 종교를 가진 한국인이 10
명 중 네 명에 불과하다고 한다. 구체적으로 살펴보면 우리
나라 종교인의 비율은 37퍼센트이고 무종교인은 63퍼센트
에 이른다. 과거에 비해 종교인의 감소가 심각하다.

2000년대 초반만 해도 종교인의 비율이 50퍼센트를 넘
었지만, 2012년 이후 불교, 개신교, 가톨릭을 포함한 모든
종교에서 탈종교화 현상이 가속화되고 있다. 특히 청년 세
대, 그중에서도 20대의 종교인은 19퍼센트에 불과하다. 청

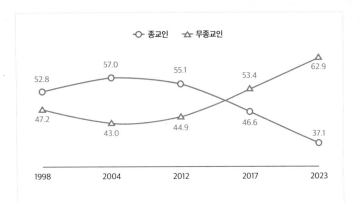

• 자료 출처 : 1998-2017년 : 한목협, '한국기독교분석리포트, 한국인의 종교생활과 신앙의식조사 보고서'.(전국의 만 19세 이상 성인 남녀 대상)

◆ **종교 인구 변화 추이(만 19세 이상, %)**

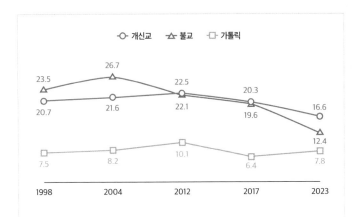

• 자료 출처 : 1998-2017년 : 한목협, '한국기독교분석리포트, 한국인의 종교생활과 신앙의식조사 보고서'.(전국의 만 19세 이상 성인 남녀 대상)

◆ **종교별 인구 변화 추이(만 19세 이상, %)**

년 다섯 명 중 한 명만 종교인인 셈이다.

이 통계에 따르면 가톨릭 신자의 비율은 2012년 10.1퍼센트에서 2022년 5.1퍼센트로 줄었다. 10년 사이 신자 수가 반토막이 난 것이다. 이런 추세라면 앞으로 10년 후에는 2.5퍼센트로 감소할 것이라는 예측이 나온다. 이런 현상을 믿기 어려울 정도다. 개신교에 초점을 맞춘 통계조사이기에 가톨릭 관련 수치의 정확성이 떨어질 가능성도 있지만, 가톨릭 신자 수가 줄어들고 있는 현실은 부정할 수 없어 마음이 무겁다.

개신교 통계조사에서 우리가 참고할 만한 내용도 있다. 개신교 신자가 종교를 버린 가장 큰 이유로 '종교에 관심이 없어서'가 1위를 차지하고 있다. 두 번째 이유는 '개신교에 대한 불신과 실망'이다. 흥미로운 점은 무종교인이 종교를 믿지 않는 이유 역시 '종교에 관심 없어서'가 1위이고, '종교에 대한 불신과 실망'이 그 뒤를 잇고 있다. 가톨릭에 대한 설문조사에서도 비슷한 결과가 나올 것이라 예상한다.

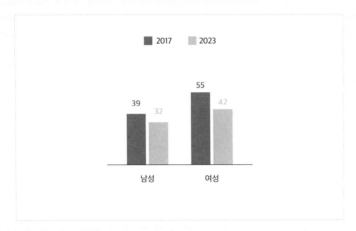

◆ 성별 종교인 분포 변화(만 19세 이상, %)

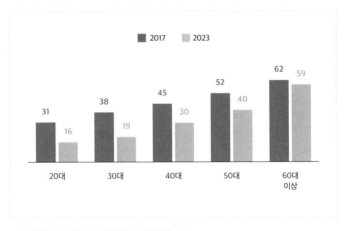

◆ 연령별 종교인 분포 변화(만 19세 이상, %)

## : 그리스도교를 어떻게 설득할 것인가?-공공성의 실현

종교를 가진 사람들이 자기 종교를 버린 이유로 '종교에 관심이 없어서'가 가장 큰 비중을 차지한 것은 시대적 변화가 크다는 것을 보여준다. 우리나라가 선진국 대열에 들어서고 사회적·경제적·문화적으로 수준이 높아지면서 삶의 방식이 크게 달라진 것이다.

4차 산업혁명이 진행되면서 디지털 문화는 로봇과 인공지능으로 진화하고, 각종 스포츠와 엔터테인먼트가 전 세계적으로 영향을 끼치고 있다. 이런 맥락에서 "현대인은 종교의 초월적 성격에 동의하지 못하는 성향이 증가하고 있다"는 한 학자의 분석은 신빙성이 있어 보인다.

이제 교회는 합리화된 현대인에게 그리스도교를 어떻게 설득할 것인지 고민해야 한다. 이는 새로운 복음화 혹은 문화의 복음화라는 과제로 이어진다. 교회가 이 과제에 적절한 대안을 마련하느냐 못하느냐에 교회의 미래가 달려 있다.

또한 종교를 버린 이유 중 두 번째로 높은 응답인 '개신교에 대한 불신과 실망'에 대해 가톨릭 역시 성찰하고 반성해야 한다. 최근 한국 최초의 사제 성 김대건 안드레아 신부 성상이 동양인으로는 처음으로 바티칸 베드로 대성전에 설치되면서 한국 가톨릭의 위상이 전 세계적으로 높아졌다. 그러나 내부적으로는 여전히 교회 울타리를 벗어나지 못한 '그들만의 리그'로서 폐쇄적이고 교회 중심주의적인 모습이 잔존하고 있다.

◆ 성 김대건 안드레아 사제 순교자상(베드로 대성전, 바티칸)

탈종교화라는 무시할 수 없는 추세 속에서 종교가 살아남을 수 있는 길 중 하나는 '종교의 공공성' 실현이다. 종교가 제시하는 가치와 의미가 현 시대를 살아가는 사람들의 삶에 살아있는 의미를 줄 수 있어야 한다. 그렇게 하려면 교회도 변화해야 한다. 지역사회에 열린 교회, 다양한 방식으로 지역사회와 소통하는 교회, 언제든 야전병원으로서 돌봄과 치유의 역할을 수행할 수 있는 교회만이 미래에도 지속 가능할 것이라 믿는다.

# 팬데믹이 일깨워준
# 교회의 역할

**5**

## ⋮ 종교의 역할과 이미지

지난 코로나19 시기에 전 세계적으로 자랑거리였던 K-방역이 무색할 정도로 코로나19가 급격하게 다시 확산되던 때가 있었다. 전국적으로 다시 확산된 것은 새로운 집단 감염이 일어난 데에 기인했다. 그 진원지가 대부분 개신교 집회에 있었다는 사실을 많은 언론매체들이 보도했다.

확진자가 매일 200~300명씩 나오면서 방역당국은 음식점과 카페 등의 영업을 제한하는 초강력 조치를 내렸고, 개신교에서는 대면 예배와 소모임을 중단하도록 명령했으며, 가톨릭과 불교에는 정기 미사와 법회는 허용하되 소모

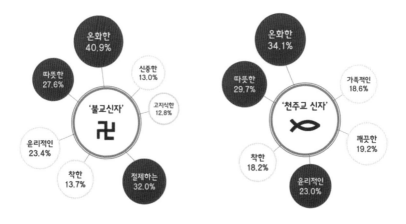

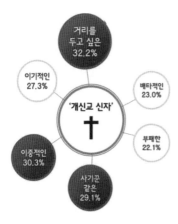

**'불교신자'**
- 온화한 40.9%
- 신중한 13.0%
- 고지식한 12.8%
- 절제하는 32.0%
- 착한 13.7%
- 윤리적인 23.4%
- 따뜻한 27.6%

**'천주교 신자'**
- 온화한 34.1%
- 가족적인 18.6%
- 깨끗한 19.2%
- 윤리적인 23.0%
- 착한 18.2%
- 따뜻한 29.7%

**'개신교 신자'**
- 거리를 두고 싶은 32.2%
- 배타적인 23.0%
- 부패한 22.1%
- 사기꾼 같은 29.1%
- 이중적인 30.3%
- 이기적인 27.3%

\* 자료 출처 : 엠브레인 트렌드모니터, '종교(인) 및 종교인 과세 관련 인식 조사' 2020.07.17 (전국 만20~59세
남녀, 1,000명, 온라인 조사, 2020.06.23~26)
\*\* 조사 시점 : 코로나19 확진자가 28~51명 수준으로 발생했던 기간임(참조:http://livecorona.co.kr/)

◆ 종교인에 대한 이미지(중복 응답)

임을 금지하는 행정명령을 내렸다.

　이에 대해 개신교 일부에서는 예배 중단이 종교 탄압이며 종교 자유를 침해한다고 주장하며 벌금을 내더라도 대면 예배를 강행하겠다는 방침에서 물러서지 않았다. 물론 많은 개신교회가 비대면 예배를 실행했지만, 일부 교회는 방역당국의 행정명령을 무시하고 대면 예배를 고집했다. 뿐만 아니라 코로나 확진자 중 일부 개신교 신도들이 동선을 숨기거나 검사를 거부하는 사례도 발생해 코로나 확산을 부추기는 결과를 낳았다.

　이런 상황에서 "종교가 사회를 걱정하는 것이 아니라 사회가 종교를 걱정해야 한다"는 말이 자주 언급되기도 했다. 코로나19가 종료된 이후에도 종교는 사회의 해악을 끼치는 '공공의 적'이라는 인식으로 이어졌다.

　2020년 6월 목회데이터연구소가 발표한 '종교(인) 및 종교인 과세 관련 인식조사'에 따르면, 가톨릭인와 불교인은 '온화한' '따뜻한' 같은 긍정적 이미지가 우세했지만, 개신교인은 '거리를 두고 싶은' '이중적인' 같은 부정적 이미지가 더 많았다.

　그런데 "코로나 사태에서 종교가 한 역할이 없는 느낌"

이라는 항목에는 동의율이 72퍼센트에 달했다. 이는 가톨릭과 불교 역시 코로나19가 일깨워준 종교의 역할을 더 깊이 고민해야 함을 보여준 것이었다.


## ⋮ 종교는 빛과 소금의 역할을 해야

종교가 이 세상에서 계속 존재하며 세상의 빛과 소금 역할을 하려면 시민사회의 공공성을 인식하고 이를 실현하는 공동체가 되어야 한다. 종교성과 시민성, 종교의 자유와 시민적 공공성은 조화를 이루고 공존해야 한다. 그렇지 않고 종교의 자유를 조직 유지나 신념 전파에만 배타적으로 사용한다면 결국 사회의 비판을 피할 수 없다.

종교의 자유도 공공성을 위해서는 어느 정도 상황에 따라 제한될 수밖에 없음을 인식해야 한다. 또한 교회는 공공성을 발휘하기 위한 조건으로써 '신앙의 사회적 영성 회복'을 충족해야 한다. 이를 통해 진정으로 새로운 복음화가 가능하다. 교회 울타리를 넘어 시민사회에서 사회적 영성과 공공성을 실천하는 신앙의 일상화가 필요하다.

◆ 교회는 고통받는 이웃의 아픔을 치유하고, 연대하며, 지속 가능한 방식으로 돌봐야 한다.

코로나19가 초래한 혼돈 속에서 신체적·경제적·심리적 고통을 겪은 이웃이 얼마나 많았는지, 그러한 상황 속에서 교회의 역할이 무엇인지를 일깨워준 소중한 기회였음을 통감한다. 교회 공동체는 고통 받는 이웃의 생명에 대해 사회적 책임감을 느껴야 한다. 이를 위해 하느님의 자비를 증거하는 구체적이고 다양한 선교적·사목적 실천이 필요하다.

고통 받는 이웃을 위해 공공성을 실현할 때 종교는 시민들의 외면을 받지 않을 것이다. 교회가 사회적 책임을 실천하는 가장 효과적인 방법 중 하나는 고통 받는 이웃을 찾아가 그들의 아픔을 치유하고, 연대하며, 지속 가능한 방식으로 돌보는 것이다. 이제는 말에서 행동으로 옮겨야 할 때이다.

"자녀 여러분,
말과 혀로 사랑하지 말고
행동으로 진리 안에서 사랑합시다."

(1요한 3,18)

# '열심한 신앙인'보다
# '필요한 신앙인'

**6**

## ⋮ 소명의식

텔레비전 드라마를 자주 보는 편은 아니지만, 사회적으로
반향을 일으키는 드라마는 가끔 관심을 두고 보게 된다. 그
중 하나가 〈낭만닥터 김사부〉(2016, 2017, 2020, 2023)다. 높은
시청률을 기록한 이 드라마에는 여러 부류의 의사들이 등
장한다. 모두 자기 직업에 충실하고 능력 있는 의사들이지
만, 출세를 위해 수단과 방법을 가리지 않는 어두운 단면도
드러낸다. 이런 세계 속에서 단연 돋보이는 존재는 의사 김
사부다.

한 후배 의사가 그에게 "선생님은 좋은 의사입니까? 최

고의 의사입니까?" 하고 묻자 그는 이렇게 대답한다.

"지금 여기 누워 있는 환자에게 물어보면 어떤 의사를 원하겠나? 최고의 의사? 아니, '필요한 의사'일 것이다. 그래서 나는 이 환자에게 필요한 의사가 되려고 노력 중이다."

그는 자신을 환자에게 필요한 의사로 규정한다. 이 점에서 그는 다른 의사들과 구별된다. 천재 의사로 불리던 김사부는 자신의 능력을 통해 최고의 의사로 인정받거나 존경받으려 하지 않는다. 오히려 환자에게 필요한 의사가 되어 몸뿐 아니라 마음까지 치유하는 것을 자신의 사명으로 삼는다. 이러한 소명의식으로 그는 흔들림 없이 자신의 자리를 지킨다.

이 이야기를 접하며 루카 복음서의 말씀이 떠오른다. 김사부는 의사로서 자신이 주체가 되지 않고 환자를 주체로 삼아 환대한다. 이 소명의식이 겸손한 종의 태도로 드러나며, 다른 의사들과 차이를 만든다. 마찬가지로 신앙인에게도 이러한 소명의식이 있는가에 따라 진정한 신앙인인지 아닌지 분명히 구분된다.

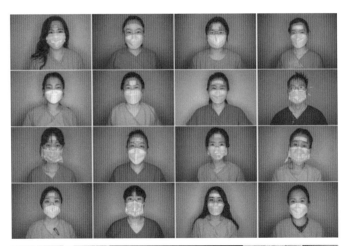

◆ 누가 보지 않아도 묵묵히 자신의 일을 하는 사람들이 있다. 그들이 바로 필요한 사람이다.

## ： 필요한 신앙인이 되었으면

『가문비나무의 노래』(2013)의 저자 마틴 슐레스케는 신앙인들 중에 재능의 노예가 된 사람과 참된 봉사자가 있음을 지적한다. 재능의 노예가 된 사람은 자신의 재능을 드러내고 인정받아 성공과 찬사를 얻고자 한다. 이러한 사람은 열심히 신앙생활을 하는 것처럼 보이지만, 하느님께 영광을 드리기보다 자신이 영광 받는 주체가 되길 원한다. 반면 참된 봉사자는 자신이 받은 재능을 하느님이 주신 소명으로 여기며 자신이 받은 사랑에 사명의 실천으로 응답한다.

사목자로서 나 역시 재능의 노예가 되어 있지 않은지 돌아보게 된다. 본당 사목을 하다 보면 사목자가 모든 것을 계획하고 결정하며, 때로는 자신의 능력으로 본당 사목이 잘 이루어진다고 착각할 때가 있다. 심지어 신자들에게 칭찬받고 감사 인사를 듣는 것이 당연하다고 여길 때도 있다.

하지만 이 모든 것이 교만으로 이어지는 마귀의 유혹이었음을 깨닫는다. 성직자든 평신도든 열심히 하는 것만으로 훌륭한 신부나 신자가 되는 것이 아니다. 진정으로 신자와 이웃에게 필요한 신부, 필요한 신자가 되는 것이 하느님의 뜻이다.

이웃에게 필요한 신앙인이 되려면 남에게 인정받고 칭찬받으려는 욕망을 내려놓아야 한다. 예수님은 첫째가 되기보다 꼴찌가 되라고 하셨다. (마르 9,35 참조) 사막의 은수자 샤를 드 푸코 성인은 "십자가에 달린 예수님에 대한 사랑으로 모든 이 가운데 꼴찌가 되어라"고 권고했다. 꼴찌가 됨으로써 첫째가 되는 신앙의 신비를 체험할 때 비로소 남에게 필요한 신앙인으로 살게 될 것이다.

◆『가문비나무의 노래』(2013)

어느 신자 의사가 스승에게 선물로 받은 손수건에 담긴 가르침을 평생 실천하며 살아간다고 했다.

"환자들의 눈물과 땀을 닦아주는 의사가 되어라."

이처럼 우리도 이웃의 아픔을 닦아주는 '필요한 신앙인'이 되자.

# '자발적 불편함'의
# 신앙

**7**

## ⁞ 익숙함과의 결별

평소에 새벽 운동을 꾸준히 하는 편이다. 그런데 추운 겨울
이 되면 아침 일찍 일어나는 것이 귀찮아지고 게을러져 종
종 운동을 빼먹는다. 몸무게는 점점 늘고 몸도 처지는 느낌
이다. 아무래도 안 되겠다 싶어 용감히 이불을 박차고 두꺼
운 옷을 껴입은 후 깜깜한 새벽을 뚫고 헬스장으로 향한다.
땀을 흘리며 힘들게 운동하면서 "오늘 오기를 참 잘했다"며
스스로를 칭찬하기도 한다.

　　운동을 한 날은 하루 종일 힘차다. 운동하지 않는 사람
들을 만나면 꾸준히 운동해야 한다고 강조한다. 하지만 대

부분은 운동의 중요성을 인정하면서도 바쁘다거나 귀찮다는 이유로 실행하지 못한다. 편안함에 익숙해진 것이다. 불편함을 감내하지 않으면 지속적인 운동은 어렵다. 운동만이 아니다. 모든 일이 불편함을 수용할 때 무언가를 이룰 수 있다.

신앙의 차원에서도 불편함은 매우 중요한 묵상 주제이다. 예수님은 편안함에 익숙해질 때 어떤 결과를 초래하는지 '혼인잔치의 비유'(루카 14,15-24)를 통해 보여주신다.

어떤 사람이 잔치를 베풀어 손님들을 초대했는데 잔칫날이 되자 초대받은 이들은 온갖 핑계를 대며 잔치에 오지

◆ 익숙함이라는 단단한 껍질을 깨지 않으면 새로운 세상을 볼 수 없다.

않는다. 밭을 샀으니 나가봐야 하고, 겨릿소 다섯 쌍을 샀으니 부려 봐야 하며, 장가를 들어 아내를 맞이했으니 갈 수 없다고 한다. 이들의 공통된 점은, 임금의 초대보다 자신의 일상이 더 중요하다는 것이다. 그들은 일상을 깨뜨리지 않고 익숙한 세계에 머무는 것이 좋다고 여긴다.

그러나 자신의 익숙한 세계에 머무는 사람은 하느님 나라라는 새로운 세계로 나아갈 수 없다. 아브라함이 믿음의 조상이 될 수 있었던 이유는 생명의 위험과 불편함을 무릅쓰고 부모, 친척, 고향을 떠나 보여줄 땅으로 가라는 하느님의 명령에 순종했기 때문이다. 편안함과 안전함에 익숙해진 일상을 깨는 것이 회개이며, 회개를 통해 불편함과 낯섦을 느낄 때 깨어 있는 존재가 될 수 있다.


## : 네 이웃을 사랑하라!

우리는 익숙한 것을 편안하다고, 낯선 것을 불편하다고 여긴다. 익숙하고 편안한 것에 안주하면 사고방식이 고정되고 고착화되어 새로운 것을 받아들이지 않는다. 가난하고 소외된 이들, 사회적 약자들, 이민자, 난민들이 버려지고 배척받는 배경에는 자신의 안전과 편안함을 지키려는 마음이 자리 잡고 있다.

빈민들의 대부였던 피에르 신부는 『단순한 기쁨』(2001)에서 다음과 같이 언급한다.

"사르트르는 '타인은 지옥이다'라고 했지만, 타인과 단절된 자기 자신이야말로 지옥이다."

◆ "타인과 단절된 자기 자신이야말로 지옥이다." 아베 피에르(Abbé Pierre)

고통 받는 이웃을 외면하고 도움이 필요한 이웃에게 무관심할 때 자신은 편안할 수 있다. 그러나 이웃에 대한 외면과 냉대는 곧 '죄'이다.

'착한 사마리아인의 비유'(루카 10,29-37)에서 죽어가는 사람을 외면했던 사제와 레위인은 타인으로 인해 겪어야 할 불편함을 수용하지 않은 죄를 지은 것이다. 프란치스코 교황은 "오늘날 무관심은 세계화되어 있고, 더 나아가 장벽문화를 만들어 타인을 적극적으로 차단해 불편한 마음조차 삭제해버리고 있다"고 지적하신다.


## ∶ 깨어 있는 삶

본당 사목교서 주제를 '복음화되어, 복음화하는 공동체'로 정한 때가 있었다. 이 주제는 그해 서울대교구 사목교서에서 따온 것이다. '복음화되어'는 자기 복음화를 뜻한다. 자신이 복음화 되지 않고 남과 세상을 복음화하려 한다면, 그것은 마치 자기 눈의 들보는 깨닫지 못하고 남의 눈에 있는 티만 보는 격이다. (마태 7,3 참조)

프란치스코 교황은 권고 「복음의 기쁨」(2013)에서 '영적 세속성'을 지적하면서, 그것은 "신앙심의 외양 뒤에, 심지어 교회에 대한 사랑의 겉모습 뒤에 숨어서 주님의 영광이 아니라 인간적인 영광과 개인의 안녕을 추구하는 것"(93항)이라고 경고한다.

참된 신앙인이 되는 데 장애가 되는 '영적 세속성'은 결국 '십자가 없는 부활과 영광만을 추구하는, 편리하고 편안한 신앙'으로 고착될 수밖에 없다. 자발적인 불편함을 실천하며 자신을 복음화하고 이웃과 세상을 복음화 하는 신앙인으로 깨어 있는 삶을 살아야겠다.

# 모든 조부모는
# 신앙의 전수자다

**8**

## : 노인의 유산 "꿈·기억·기도"

2021년부터 '세계 조부모와 노인의 날'이 제정되었다. 프란
치스코 교황은 코로나19 대유행으로 노인들이 홀로 세상을
떠나고 장례조차 치르지 못하는 안타까운 상황에서 교회가
함께해야 한다며 이날의 제정 의미를 밝혔다. 코로나로 고
통받는 노인을 지나치지 않고 품어 안으려는 교황의 자비
로운 마음을 읽을 수 있었다.

교황은 노인들의 육체적·정신적 상실에만 초점을 맞추
지 않고, 노인이 젊은 세대에게 줄 수 있는 세 가지 유산인
꿈, 기억, 기도를 강조했다. 이는 '노인들이 꾸는 지혜로운

꿈', '풍부한 연륜에서 우러나오는 기억', '마음을 다 하는 노인들의 기도'를 담아냈다. 이 유산들이 흔들리기 쉬운 젊은 세대에게 삶의 토대가 되고 새로운 미래를 열어가는 기초가 된다는 점을 강조했다. 교황은 노인이 젊은이들의 동반자로서 신앙의 전파자가 되어야 한다고 당부했다.

교황은 노인을 교회 공동체의 한 구성원으로 바라보는 매우 일상적이고 실질적인 시각으로 접근하고 있다. 흔히 '노인' 하면 떠오르는 고정 관념의 틀에 가두지 않고 '조부모'

◆ 2022년 세계 조부모와 노인의 날 공식 로고(대구대교구)

역할로 구체화하고 있다. 조부모가 꿈, 기억, 기도를 통해 손주에게 신앙의 전통을 전하는 역할을 맡아야 한다는 것이다. 그 모델이 사도 바오로의 영적 아들인 티모테오다.


## : 모범적인 신앙인 티모테오


티모테오는 어릴 때부터 할머니 로이스와 어머니 에우니케로부터 신앙을 전수받았고(2티모 1,5), 바오로 사도로부터 신앙의 유산을 이어받아 에페소 교회의 주교로 있다가 순교한 분이다. 티모테오가 모범적인 신앙인이 될 수 있었던 배경에는 할머니와 어머니의 헌신적인 신앙과 사도 바오로의 가르침이 있었다. 시대를 막론하고 조부모가 손주에게 미치는 신앙의 영향은 매우 크다.

요즘 조부모가 손주에게 미치는 영향을 알려주는 우스갯소리가 있다. 아이를 교육시키는 데 세 가지 환상의 조합이 있어야 한다고 한다. '할아버지의 재력', '엄마의 정보력', '아빠의 무관심'이다. 최근에는 여기에 '외할머니의 체력'이 추가되었다고 한다. 양가 가족이 자녀의 교육과 성공을 위

◆ 티모테오와 그의 할머니 로이스(렘브란트, 유화, 1648, 스코틀랜드 내셔널 갤러리)

해 총동원될 정도로 관심과 기대가 크다는 말이다. 혼인 기피와 저출산으로 인해 인구 절벽이 현실이 된 우리나라에서 아이가 태어난다는 것 자체가 축복이고, 그래서 아이를 향한 관심과 기대가 높을 수밖에 없다.

그렇다면 신앙교육은 어떠한가? 수능 교육에는 열정적이면서도 신앙교육은 성가정에서도 거의 이루어지지 않는 경우가 많다. 좋은 대학에 진학하고 성공하는 것도 중요하지만, 참된 인간으로 살아가는 데는 지성과 인성뿐만 아니라 영성도 필수적이다.

교황이 '세계 조부모와 노인의 날'을 제정한 취지를 되새기면서, 조부모는 손주에게 신앙의 유산을 전수하고 있는지 되돌아봐야 한다. 갓 태어난 아기부터 어린이, 청소년에 이르기까지 조부모는 가정에서 신앙의 모범을 보여야 한다.

부활이나 성탄 같은 전례시기에 맞춰 집안 분위기를 조성하고, 아이들과 전례 의식을 함께 해보는 것도 중요하다. 식사 전후 기도, 주님의 기도, 성경 읽기, 가족이 함께 모여 기도하기 등의 신앙 행위가 가정에서 이루어질 때 아이들은 자연스럽게 보고 배운다.

특히 맞벌이 부모를 대신해 손주를 돌보는 조부모의 사랑은 헤아릴 수 없다. 손주를 돌보는 기쁨에 시간 가는 줄 모르는 반면, 체력적으로는 큰 희생을 감내해야 한다. 이러한 희생과 노력 안에서 조부모가 꿈, 기억, 기도를 통해 신앙을 전수한다면 손주는 하느님의 소중한 자녀로 성장할 것이다.

"예수님은 지혜와 키가 자랐고
하느님과 사람들의 총애도 더하여 갔다."

(루카 2,52)

제 5 부

삶 안에서
깊어지는
신앙

# 사랑을 풍기는
# 삶

**1**

## : 사랑 실천의 영성

우리에게 위로와 희망을 선사한 다큐멘터리 한 편이 기억에 남는다. 〈봉쇄수도원 카르투시오〉(2020)은 카르투시오 수도원에 관한 내용이다. 다양한 국적을 지닌 카르투시오 수사 열한 명의 삶이 처음으로 공개되면서 큰 감동과 화제를 모았다. 평생 봉쇄 구역을 떠나지 않고 독방에서 엄격한 침묵과 고독안에 머물며 스스로 선택한 가난의 삶을 살아가는 그들의 일상은 보는 이의 마음과 영혼을 정화하는 데 부족함이 없었다.

이 다큐멘터리를 더욱 빛나게 한 것은, 초대 안동 교구장인 두봉 주교님이 수사들의 삶을 해설해주는 '5분 랜선

◆ 수도자의 손가락 위에 날아와 앉은 새


피정' 시리즈였다. 아흔 살이 넘은 주교님의 깊은 신앙과 삶
의 내공이 돋보였다.

특히 기억에 남는 것은 '사랑 실천의 영성'을 다룬 영상
이었다. 독방에 있던 수도자가 창문 밖 작은 새를 발견하고
휘파람을 불자, 새가 수도자의 손가락 위로 날아와 앉는 장
면이었다. 새는 손가락 위에서 먹이를 먹고 놀다가 곧 자신
의 자리인 숲으로 돌아갔다.

두봉 주교님은 이 장면에 깊은 인상을 받았다고 고백
한다. 새가 수도자의 손가락 위에 날아와 앉는 일은 결코 흔
하지 않다. 새가 날아올 수 있었던 이유는 수도자의 사랑을

느꼈기 때문이다. 새마저도 수도자의 사랑을 느끼고 안심하며 다가온 것이다.


## : 사랑을 실천하는 사람

수도자는 누구인가? 그는 하느님, 인간, 자연을 사랑하는 사람이다. 그 사랑이 얼마나 풍부했으면 작은 새까지 그 사랑을 느꼈겠는가? 주교님은 자신도 그런 사랑을 풍기며 살고 싶다고 말하며, 우리 모두를 '사랑을 풍기는 삶'으로 초대한다.

동물까지도 사랑을 느낄 정도로 사랑을 베푸는 사람이라면 당연히 하느님과 이웃을 사랑하는 사람이다. 가족이나 이웃을 사랑하지 않으면서 반려견만 애지중지한다면 그것은 '자기중심적 사랑'에 불과하다. 이웃의 아픔과 고통에는 무관심하면서 자기 가족만 사랑한다면 그것은 '이기주의적 사랑'이다.

카인이 아벨 못지않게 하느님을 사랑하며 정성껏 제물을 바쳤음에도 아벨의 제물만을 받으신 하느님에 대한 원

◆ 두봉 주교님. 평생 사랑을 풍기는 삶을 사시다 2025년 4월 10일 하느님 곁으로 가셨다.

망과 증오로 동생을 살해한 것은 '소유적 사랑'의 결과이다. 몇 년 전 발생한 16개월 입양아 학대 사망 사건은 '가짜 사랑'의 결과이다. 작은 새마저 느낄 수 있는 진짜 사랑을 풍기는 사람은 언제 어디서나 기꺼이 자신을 내어주는 '아가페적 사랑'을 실천하는 사람이다.

## ："서로 사랑하라!"

이 시대에 진실한 사랑을 풍기는 사람들이 많아진다면 여러 갈등과 혼란을 굳건히 견디며 희망 속에서 살아갈 수 있을 것이다. 그러나 현실은 그렇지 못하다. 인간관계는 더욱 삭막해지고 미움과 혐오, 단절과 갈등이 첨예해지면서 진실한 사랑은 실종된 듯하다.

어떻게 하면 진실한 사랑을 풍기는 사람들이 많아질 수 있을까? 예수님의 '겨자씨 비유'에서 그 답을 찾을 수 있다. 겨자씨가 처음에는 작고 보잘것없어 보이지만 나중에는 새들이 깃들일 만큼 큰 나무로 자라는 것처럼, 아주 작은 실천에서 진실한 사랑은 시작된다.

예전에 본당에서 '칭찬합시다!' 프로그램을 실시한 적이 있다. 칭찬은 하느님의 사랑을 이웃 사랑으로 구체화하는 좋은 방법이다. 우리는 "서로 사랑하여라"(요한 13,34)는 예수님의 말씀을 수없이 듣지만, 삶 속에서 실천하지 못할 때가 많다.

먼저 미소를 짓고 인사하는 것, 상대의 상황을 배려하는 것, 잘한 것을 서슴없이 칭찬하는 것은 모두 사랑을 구체적으로 표현하는 행동이다. 나비의 날갯짓이 폭풍을 일으킨다는 '나비효과'처럼, 칭찬 프로그램과 같은 작은 실천이 진정한 사랑을 풍기는 세상을 실현할 수 있다.

# 하느님께 도달하기 위한
# '길 위의 삶'

**2**

## ∶ 길 위의 삶

본당 사제는 정기적인 인사이동에 따라 새로운 부임지로
옮기곤 한다. 주어진 기간 동안 머물며 사람들과 장소에 깊
이 정이 들었는데 임기를 마치고 떠나려면 마음이 아련하
고 섭섭하다.

　예전에 환송 미사 강론에서 구약의 아브라함 이야기를
언급한 적이 있다. 일흔다섯 살이라는 고령의 나이에도 하
느님의 부르심에 따라 부모와 친척 그리고 고향을 떠나 하
느님께서 보여주실 땅으로 향했던 아브라함과 같은 심정이
랄까? 새로운 곳으로 떠나고, 정들만 하면 다시 다른 곳으

로 떠나야 하는 것이 사제의 삶이다. 어느 한곳에 오래 머물지 않고 계속 이동해야 하는 삶이 흡사 '길 위의 삶'이라 할 만하다.

이러한 '길 위의 삶'의 모델이 바로 예수님이다. 예수님은 어느 한곳에 머리 둘 곳조차 없이 늘 이동하셨다. 마귀를 쫓아내고 병자들을 치유하신 예수님은 그곳에 머무르지 않으시고 "다른 이웃 고을들을 찾아가자. 그곳에도 내가 복음을 선포해야 한다"(마르 1,38) 하며 떠나셨다. 당시 사람들은 예수님의 기적에 놀라 그분이 자신들의 고을에 머물기 원했다.

만약 예수님께서 그곳에 머물렀다면 사람들의 인기를 얻고 귀한 대접을 받으며 안락한 삶을 누리셨을 것이다. 하지만 예수님은 늘 떠나셨다. 아무리 맑은 물이라도 한곳에 오래 머물면 고여 썩기 마련이다. 맑은 물이 되기 위해서는 계속 흘러야 한다. 사람도 마찬가지다. 오래 머문 자리에서는 필연적으로 냄새가 나기 마련이다. 적당한 때를 알아 스스로 떠나는 것이 지혜로운 일이다. '길 위의 예수님'은 이미 이 사실을 알고 계셨던 분이다.

◆ 사제의 삶은 길 위의 삶이다. 예수님처럼.

## ⦂ 새롭게 거듭나는 삶

'길 위의 삶'은 예측할 수 없기에 불안하고 위험하다. 하지만 길은 사람과 장소 그리고 사건에 열려 있어 활발한 교류와 새로운 경험을 통해 배움과 깨달음을 가능하게 한다. 그래서 많은 이들이 여행을 떠난다. 여행의 목적은 다를지라도 익숙한 시공간을 떠나 낯선 시공간을 경험하고 다시 돌아온다는 점은 공통적이다.

문학평론가 김기석 목사는 "진정한 여행은 자기와 만나기 위한 여정이고, 자신과의 대면이기에 변화를 요구한다. 그 앞에 설 용기가 없는 사람, 자기의 취약함을 받아들일 수 없는 사람은 길을 떠날 수 없다"고 말한다. 계속해서 그는 "위험이 두려워 길을 떠나지 않는 사람은 이미 죽은 사람이다"라고 결론짓는다. 길을 떠나지 않으면 변화가 없기 때문이다. 따라서 '길 위의 삶'은 끊임없이 새롭게 거듭나는 삶을 가능하게 한다.

신약의 핵심 주제인 '길 위의 예수님'을 구약에서는 '광야'의 의미로 표현한다. 모세는 이스라엘 백성을 이끌고 약속의 땅 가나안에 들어가기 전 오랜 기간 광야의 삶을 겪는다. 광야의 긴 여정은 그들이 소유의 삶에서 존재의 삶으로 변화하여 진정한 하느님 백성으로 거듭나는 과정이다.

구약에서 광야가 인간에게 하느님의 은총과 사랑을 체험하게 하는 장소라면, 신약에서 길은 인간이 순례자 혹은 나그네임을 일깨워준다. 광야와 길은 한곳에 오래 머물지 않고 또 다른 곳으로 떠나야 한다는 점에서 통한다. 이렇게 '길 위의 삶'을 살다가 궁극적으로 우리가 도달해야 할 곳은 하느님이 약속하신 가나안 땅이며 하느님 나라이다.

# 삶의 예술가인
# 땜장이 의사

**3**

## : 남에게 도움이 되는 삶

본당에서 가톨릭 독서콘서트를 개최했다. 본당 유튜브 조회수도 높게 나오고 신자들의 큰 호응을 얻었다. 초대된 강사가 서울주보에 소개된 '국경없는 의사회' 구호활동가 김용민 베드로 의사였기에 신자들의 관심을 더 끌었다. 나 역시 그의 책『땜장이 의사의 국경 없는 도전』(2019)을 읽으며 평범한 인생을 살지 않은 비범한 사람이라 느껴져 그의 독서콘서트를 기대했다.

　김용민 의사는 넉넉지 못한 가정의 막내로 자라며 자신만의 선택을 하기 어려웠던 어린 시절을 회고했다. 그는

◆ '국경없는 의사회' 구호활동가 김용민 베드로

인생의 갈림길마다 자기 의지 1퍼센트, 나머지 99퍼센트는
하느님의 뜻을 따랐던 삶을 '땜장이 인생'이라 표현하며 자
랑스럽게 여겼다. 의대를 졸업한 그는 사람들이 꺼리는 소
록도 근무를 자원했지만 1년을 기다리다 포기해야 했다.

그러던 어느 날 갑작스레 발생한 전문의 공백을 메우
기 위해 소록도 발령을 받았다. 그곳에서 그는 한센병 환자
들을 돌보는 마리안느와 마가렛 간호사 같은 이들의 아름
다운 마음과 배려, 그리고 이웃 사랑을 배웠다. 이를 계기로
10년간의 냉담을 풀고 '나 자신보다는 남에게 도움이 되는

삶'을 살기로 다짐하며 한센병 환자들에게 도움이 될 수 있는 정형외과를 전공으로 선택했다.

그는 대학 의대 교수로 후학 양성에 오랜 시간 헌신했고 남을 돕고자 하는 열망을 늘 품고 있었다. 2010년 대지진으로 재난을 겪는 아이티를 돕기 위한 구호팀에 지원했는데, 현실적으로는 실현 가능성이 없는 상황이었다. 마침 정형외과 의사를 구하지 못하는 상황이라 출발 직전 예상치 못한 연락을 받고 합류할 수 있었다. 이렇게 그는 늘 다른 이들의 빈자리를 채우고 남이 꺼리는 일을 도맡아왔던 '땜장이 의사'였다. 정년까지 6년을 남겨둔 2018년에 은퇴를 선언하고 '국경없는 의사회' 구호활동가로 변신한 그는 팔레스타인 가자지구와 아프리카 오지에서 환자를 돌보았다.

강의를 들으며 자신의 정체성과 사명을 깨달은 사람과 그렇지 못한 사람의 삶이 얼마나 다른지를 느끼게 된다. 자신이 누구인지 자기 정체성을 아는 것은 매우 중요하다. 정체성을 명확히 아는 사람만이 자신의 사명을 깨닫고 이를 올바로 실천할 수 있다.

## ⋮  어떤 삶을 선택할 것인가

세계적인 바이올린 제작자 마틴 슐레스케는 『가문비나무의 노래』(2013)에서 "우리는 삶의 예술가가 될 수도 있고 소비자가 될 수도 있습니다. 삶의 소비자는 인생에서 아무것도 깨달을 필요가 없습니다. 그저 자기 삶을 우연에 맡기며 살아갑니다. 그러나 삶의 예술가는 아름다움의 내적 법칙에 관심을 둡니다"(35쪽)라고 말하며 독자에게 어느 삶을 선택할 것인지 질문한다.

'삶의 소비자'는 낯설고 불편한 것보다는 익숙하고 편안한 삶을 선택하며, 자신이 누구인지 무엇을 하고 있는지 왜 그러는지에 대한 질문 없이 세상의 기준에 따르는 수동적 존재에 불과하다. 반면에 '삶의 예술가'는 자신의 정체성과 사명을 분명히 알고 이를 위해 익숙하고 안정적인 것뿐 아니라 낯설고 불편한 것도 수용하며 능동적이고 창조적으로 삶을 이끌어간다. '땜장이 의사' 김용민 베드로 형제가 바로 삶의 예술가라 할 수 있다.

프랑스 철학자 자크 라캉은 "인간은 타자의 욕망을 욕망한다"고 말한다. 이는 인간이 외부에서 주입된 타인의 욕

◆ 타인의 욕망에 휘둘리지 않고 주체적으로 살아야 한다.

망을 맹목적으로 따라간다는 뜻이다. 남의 욕망에 휘둘려 늘 비교하는 삶은 행복하지 않다. 자신의 욕망을 아는 주체적인 존재가 되어야 끝없는 욕망의 쳇바퀴에서 해방되고, 삶의 소비자가 아닌 삶의 예술가가 될 수 있다.

진정한 욕망 실현은 익숙한 것과 낯선 것의 조화와 균형 속에서 완성되며, 그것이 자기만족에 머무르지 않고 타인의 행복을 위한 것일 때 진정한 의미를 갖는다. 결국 '삶의 예술가'는 이웃 사랑에서 진가를 발휘한다. 제2, 제3의 김용민 베드로를 기대해본다.

# 언론인 순교자
# 브란즈마 신부

**4**

## ⋮ 나치에 저항한 신부 언론인

2022년 5월 15일, 프란치스코 교황은 로마 성 베드로 광장에서 코로나19 확산 이후 첫 번째 시성식을 거행하였다. 2019년 10월, 존 헨리 뉴먼과 네 명의 성인이 시성된 이후 2년 7개월 만의 시성식이었다.

　이 시성식에서 '사하라 사막의 은수자' 샤를 드 푸코와 인도의 첫 평신도 순교자 데바사하얌 필라이를 비롯한 복자 10위가 성인 반열에 올랐다.

이 가운데 특히 주목받은 인물은 20세기의 순교자이자 언론인인 티투스 브란즈마 성인이다. 오늘날 가짜뉴스가 횡행하며 진실이 위협받고, 탈진실이 정치적·경제적 수단으로 활용되는 시대에 언론인 순교자 브란즈마 성인의 시성은 우리에게 커다란 교훈을 주었다.

브란즈마 성인은 1881년 네덜란드에서 태어나 가르멜 수도회의 수사 신부이자 신학자로 활동했다. 그는 가톨릭 신문 기자와 교회 언론 고문으로 활약하며 교회 언론에 대한 남다른 애정을 보였다. 1940년, 나치 독일이 네덜란드를 침공한 이후 그는 대담하게도 나치의 선전선동에 반대하는 글을 발표했다.

나치의 압력에도 굴하지 않고 가톨릭 교육과 언론의 자유를 옹호하며 저항하던 그는, 1942년 나치에 저항하는 내용을 더 이상 기사화하지 말라는 명령을 거부했다는 이유로 체포되어 강제 수용소로 이송되었다. 그곳에서 그는 생체 실험 프로그램의 일환으로 친위대 간호사가 투여한 독극물 주사로 죽임을 당하였다.

그의 순교는 진실과 정의, 사랑과 평화를 지키기 위한 언론인의 사명과 책임을 온몸으로 보여준 사건이었다. 그는 1985년 11월 3일 성 요한 바오로 2세 교황에 의해 시복되었고, 2022년 시성되었다.


## ⋮ 언론의 수호성인


프란치스코 교황은 티투스 브란즈마를 비롯한 아홉 명을 성인 반열에 올리면서 "성덕은 영웅적인 몸짓이 아니라 일상생활의 수많은 사소한 행위로 이뤄진다"고 강조했다. 이는 2018년 발표한 교황 권고 「기뻐하고 즐거워하여라」의 내용을 떠올리게 한다. 각자가 주어진 자리에서 본분을 성실히 실천할 때 누구나 거룩한 사람이 될 수 있다는 메시지이다.

　브란즈마 성인은 사제이자 언론인이라는 자신의 정체성을 깊이 인식하고, 소신과 확신을 바탕으로 자신의 역할을 성실히 수행했다. 그의 헌신과 희생은 교회가 세상과 소통할 수 있는 길을 열었고, 진실이 세상을 변화시킬 수 있음을 사람들에게 보여준 복음적 사건이었다.

　그는 오늘날 탈진실의 시대에 언론의 수호성인이라 할

만하다. 정치인의 거짓말과 기성 언론 및 소셜 미디어의 가짜뉴스는 사회적 갈등과 분열을 일으키고 혐오와 차별을 조장한다. 이러한 현실 속에서 진실을 향한 브란즈마 성인의 투신은 모든 언론인의 모범이 된다.

◆ 참된 언론인 티투스 브란즈마 성인(1881~1942)

## : 진실 보도는 언론의 생명

가짜뉴스는 공공의 적이며, 사회의 악이다. 누구나 가짜
뉴스의 피해자가 될 수 있으며, 결과적으로 사회는 불신과
대립, 불안과 두려움에 휩싸인다. 이는 범죄 행위와 다름
없다. 오늘날 권력과 언론, 언론과 시민, 진보 매체와 보수
매체 간에는 진실을 놓고 끊임없이 총성 없는 전쟁을 벌이
고 있다.

2022년 발표된 세계 주요 40개국의 언론 신뢰도 조사
에서 우리나라는 5년째 최하위를 기록하고 있다. 이는 언론
에 대한 불신이 매우 크며, 이러한 불신이 사회적 불신으로
이어져 사회의 그늘을 더욱 짙게 만든다는 것을 보여준다.
진실의 회복이 절실하다. 이 시대에도 제2, 제3의 브란즈마
성인이 나타나야 한다.

2021년 노벨평화상을 수상한 러시아 언론인 드미트리
무라토프는 우크라이나 난민을 돕기 위해 노벨상 메달을
경매에 내놓았다. 그는 푸틴 정권의 부패를 폭로하여 폐간
위협을 받았으나 불굴의 용기와 굳은 의지로 진실 보도를
이어갔다.

그는 2022년 8월 16일부터 18일까지 서울에서 열린 시그니스 세계총회에서 화상 연설을 했다. 그는 연설에서, 러시아 정부가 러시아군의 폭격으로 우크라이나의 민간인들이 사망하고 있다는 뉴스를 가짜뉴스라고 규정하고 이를 삭제하라는 압력을 가하고 있음에도 불구하고 자신과 동료들은 진실을 알리기 위해 노력하고 있다고 전해주었다. 그의 독립 언론 활동은 언론의 신뢰를 회복하는 데 크게 기여했다. 무라토프를 제2의 브란즈마 성인으로 추대하고 싶다.

# 신앙생활의
# 루틴

## ⠶ 작심삼일을 극복하려면

현대인은 자신만의 시간을 강조한다. 스스로 시간을 관리
하며 자신에게 주어진 시간을 의미 있고 반복 가능한 활동
으로 채우려는 경향이 트렌드로 나타나고 있다. 대표적인
사례가 '미라클 모닝'이다. 이른 아침에 일어나 독서, 운동,
명상, 외국어 공부 등을 규칙적으로 하고, 물 1리터 마시기
나 이불 개기 같은 사소한 행위까지 매일 반복적이고 규칙
적으로 실천한다. 이를 '루틴'이라 부른다.

    '루틴'은 원래 운동선수가 최고의 능력을 발휘하기 위
해 반복하는 습관적 행동을 가리키는 말이지만 최근에는

'매일 일정하게 반복되는 연속 동작이나 행동'을 의미한다. 루틴은 단순히 틀에 박힌 일이나 지루한 행동이 아니라 주어진 시간을 의미 있게 보내려는 자기관리이자 자기표현이다. 자신만의 루틴을 구성하면 일상을 통제하고 있다는 안정감과 성취감을 느낄 수 있다.

자신이 정한 루틴임에도 작심삼일로 끝나는 경우가 많다. 이런 경우를 대비해 '챌린저스' 같은 앱이 등장하고 있다. 이러한 앱의 목적은 이용자의 목표 달성을 돕는 것이다.

◆ 루틴은 자신에게 주어진 시간을 의미 있는 보내기 위한 자기관리이자 자기표현이다.

어떤 앱은 소정의 가입비를 내고 정해진 기간 동안 루틴을 실천하면 가입비를 돌려주지만 실패하면 기부금으로 전환된다. 매일 자신의 루틴을 인증해야 하는 번거로움이 있는 반면, 다른 사람들의 인증샷이 루틴을 지속하게 만드는 동기부여가 되기도 한다. 작심삼일 경험이 많은 사람이라면 이런 방식을 시도해보는 것도 좋을 듯하다.

무엇보다 루틴은 자신의 정체성을 드러내는 수단이다. 자신이 좋아하는 것이 무엇인지, 어떤 일상을 지키려 노력하는지, 루틴을 통해 무엇을 실천하고 있는지 다른 사람과 구별해볼 수 있다. 예를 들어 환경운동을 실천하는 사람은 비닐봉지나 일회용 용기 대신 에코백이나 친환경 용기를 사용하면서 환경을 지키는 행동을 루틴으로 삼는다. 이로써 그가 환경지킴이라는 정체성을 보여준다.


## ⁞ 오늘 하루도 하느님의 자녀로 시작하는 루틴

이렇게 루틴을 통해 자기 정체성을 보여주는 일은 신앙인에게도 적용할 수 있다. 많은 사람들이 루틴으로 아침에 일

◆ 새벽 미사 가는 길.
오늘 하루도 하느님의
자녀로 시작한다.

어나 자기 계발을 위해 독서를 한다. 신앙인들도 아침에 성
경을 읽거나 필사하고 기도를 바치며 자신만의 거룩한 시
간을 보낸다면, 이러한 루틴은 신앙인으로서의 정체성을
나타낸다. 본당 새벽미사에 지속적으로 나오는 신자들은
웬만하면 빠지는 일이 없다. 오랜 기간 하루도 빠짐없이 새
벽미사에 참석하는 것이 이미 그들의 습관이 되었기 때문
이다.

구순을 바라보는 한 어르신은 새벽미사에 하루도 빠짐
없이 나오시는데 최소 두 시간 전에 성당에 와서 십자가의

길을 바치신다. 눈이 오든 비가 오든 그분의 루틴은 변함이 없다. 그분에게 이 루틴은 인생의 즐거움이며 신심이다. 그래서인지 그분은 모두가 부러워할 만큼 건강하고 기억력도 매우 좋다. 반평생을 사업가와 시인으로 살아오신 그는 남은 일생을 하느님께 봉헌하며 행복하게 살고 있다. 내년 초에 구순 축하 미사를 봉헌하겠다고 약속하니 해맑은 미소로 기뻐하신다.

결국 모든 신앙인에게 루틴을 통해 드러나는 가장 중요한 정체성은 '하느님의 자녀'이다. 신앙생활의 루틴을 일상에서 자연스럽게 실천한다면, 우리는 언제 어디서나 하느님의 말씀을 증거하는 선교사인 셈이다.

# 완벽한 인간은
# 없다

**6**

## : 완벽주의의 함정

처음으로 주임신부가 되어 본당을 맡았을 때 열정을 다해 사목했다. 대부분의 신자는 열심히 사목하는 모습을 좋아했지만, 싫어하는 사람도 있었다. 이 정도로 정성을 다했으니 모두가 좋아할 줄 알았는데, 실제로는 그렇지 않았다. 나만의 착각이었다. 한 사람도 빠짐없이 모두 내가 실행하는 사목을 좋아해야 한다는 판단이 일방적이고 오만했음을 나중에서야 깨닫게 되었다.

인간관계에는 '3:3:4 법칙'이라는 것이 있다. 어떤 모임에서든 열 명 중 세 명은 나를 무조건 좋아하고, 세 명은 이유 없이 나를 싫어하며, 나머지 네 명은 좋아하지도 싫어하지도 않는 중립적인 사람들이다. 그러니 모든 사람이 나를 좋아해야 한다고 생각하면 오산이다. 그것은 완벽주의일 뿐이다. 아무리 잘해도 나를 싫어하거나 반대하는 사람은 있게 마련이다.

그런 면에서 예수님도 완벽주의자는 아니셨음을 그분의 제자들을 통해 알 수 있다. 예수님을 메시아로 믿고 따르던 베드로는 그분을 배반했고, 유다는 은돈 서른 닢에 그분을 팔아넘기지 않았던가. 예수님은 완벽한 제자들보다 불완전한 제자들을 통해 완전한 하느님 나라를 추구하셨기 때문이다. 예수님의 제자들을 보아도 완벽한 인간은 없다는 것을 알 수 있다.

## : 서로의 부족함과 불완전함을 받아들여야

교회 안에서도 완벽한 성직자, 수도자, 평신도는 없다. 완벽해지려는 순간 우리는 완전하신 하느님에게서 멀어진다. 완전함은 구별과 차별이 없는 온전한 상태이고, 완벽함은

> "겸손한 마음으로
>   서로 남을 자기보다 낮게 여기십시오."
>   (필리 2,3)

부족함이나 흠이 없는 상태다. 하느님만이 완벽하시고 완전하신 분이다. 그러므로 우리는 자신의 부족함을 인정하고 더 나은 지혜를 구하는 겸손함을 가져야 한다.

예전에 어느 본당에서 공동체를 자기 입맛대로 좌지우지하는 신자가 있었다. 그로 인해 모든 신자들이 큰 부담을 느꼈다. "그 사람만 없으면 우리 공동체가 더 좋은 분위기가 될 텐데…"라며 불평하던 어느 날, 그 신자가 이사를 가면서 공동체를 떠났다. 모두들 겉으로는 아쉬워했지만 속으로는 크게 환영했다. 그 신자가 없는 공동체는 화목한 분위기를 되찾았다. 그러나 시간이 지나자 또 다른 문제를 제기하는 신자가 나타났다. 다시 공동체는 그 신자와 함께 지내기 위한 지혜를 짜내야 했다.

공동체에 해를 끼치는 유다 같은 존재가 완전히 사라

진다고 해도 또 다른 유다가 나타나기 마련이다. 인간의 불완전함을 깊이 깨닫게 된다. 100퍼센트 순금이 없듯, 완벽한 인간은 없다. 누구에게나 약점과 단점이 있고, 인생을 살아가며 크고 작은 실수를 하게 된다. 서로의 부족함과 불완전함을 이해할 때 비로소 진정한 형제로 받아들일 수 있다.


## : 완벽한 인간보다는 완전한 인간을

현대사회는 승자독식의 무한경쟁 속에서 살아남기 위해 완벽을 추구하도록 압박한다. 남보다 더 잘하고 뛰어난 능력을 발휘하기 위해 애를 쓰면 쓸수록 더 큰 스트레스가 될 수 있다. 자신의 부족함이나 빈틈을 보이면 우습게 여겨질까, 능력이 없어 보일까 걱정하며 지나치게 완벽을 추구하다 보면 오히려 주변 사람들과의 관계가 악화된다. 자신의 건강까지 해치고 심한 경우 우울증 같은 증상이 나타나기도 한다.

본당에서 가끔 신자들에게 "나사가 하나 빠진 것처럼 행동하자"고 권한다. 완벽한 사람보다 어딘가 부족해 보이는 사람에게서 인간적인 매력을 느낄 수 있다. 너무 완벽하게 행동하는 사람에게는 왠지 모르게 선뜻 다가가기 어렵다.

우리가 해야 할 것은 "하늘의 너희 아버지께서 완전하신 것처럼 너희도 완전한 사람이 되어야 한다"(마태 5,48)는 말씀처럼 완벽한 인간이 아니라 완전한 인간이 되는 것이다.

# '욕망'의 삶에서
# '필요'의 삶으로

### 7

## : 필요와 욕망 사이

얼마 전 본당에서 '정리수납 전문가' 프로그램을 운영했다. 구청 평생학습관에서 신설한 야간 프로그램 중 하나인데, 본당은 장소만 제공했다. 인터넷으로 접수를 시작하자마자 순식간에 수강생 모집이 마감되었다. 전문가 자격증을 따서 수익을 창출할 수 있다는 생각에 너도 나도 수강하려는 인기 강좌로 자리 잡았다.

　전문가에게 정리수납을 맡기는 사람이 많아졌다는 것은 그만큼 개인의 능력으로는 감당할 수 없을 정도로 소유한 물건이 많다는 것을 의미한다. 또한 생활과 공간을 단순하고 평온하게 만들어 조화로운 삶을 추구하겠다는 사람의 수도 늘어나고 있다는 뜻이기도 하다. 그만큼 정리와 수납의 중요성이 부각되고 있는 것이다. '소비하려는 욕망'과 '정리의 욕망'이 상호 충돌하는 시대라 할 수 있다.

'정리'의 의미를 정확히 이해하고 이를 실천한다면 누구라도 주변의 물건을 정리할 수 있다. 정리는 '필요한 물건과 필요하지 않은 물건을 구분하고, 필요하지 않은 물건은 과감히 처분하는 것'이다. 즉 '필요(needs)'와 '욕망(wants)'의 차이를 잘 아는 사람이 스스로 정리를 잘하는 사람이다.

필요는 당장 없으면 현실적으로 곤란한 것들이며, 꼭 그것이 아니더라도 충족될 수 있고, 충족되면 끝나는 것이다. 반면 욕망은 나중에 필요할지 모른다는 불안한 생각을 하고, 반드시 구체적으로 그것만을 원하며, 또 다른 욕망으로 이어진다. 일반적으로 욕망이 필요보다 크고 구체적이기 때문에 정리할 물건의 필요성과 불필요성을 철저히 구분해야 한다.

정리의 기준이 '필요'임을 아는 것이 우선이다. 그래서 정리수납 전문가 프로그램의 첫 번째 주제인 '정리수납의 이해'에서 강조하는 것이 바로 '버리기'이다. 버려야 할 대상은 당연히 개인의 욕망이다. 욕망을 포기하고 버릴 때 필요한 것만 남아 삶과 공간에 여유가 생긴다. 이것이 진정한 정리이다. 물건을 정리한다는 것은 단순히 물건을 옮기거나 처분하는 것을 넘어 삶 자체를 정리하는 과정임을 깨달아야 한다.


## ：비움의 영성

우리의 삶 자체가 필요와 욕망으로 뒤엉켜 있다. 더 나아가 우리는 타인의 욕망을 욕망하고 있다. 다시 말해서 나의 욕망은 다른 누군가의 것이고, 때로는 나의 소유와 소비가 조작되고 강요되기도 한다. 필요에 따른 삶을 살지 않는다면 욕망의 노예가 될 수밖에 없다. 삶의 정리를 한다는 것은 끝없는 욕망의 집착과 고리를 끊고 필요의 삶을 지향하겠다는 의지의 실천이다. 필요의 삶은 '비움의 영성'을 배경으로 한다. 이는 구약에서 이스라엘 백성의 광야 생활이고, 신약에서 예수님이 걸어가신 '길 위의 인생'이다.

신앙의 실천에서 해야 할 일 중 하나는 지나온 삶을 돌

◆ 신앙의 실천에서 중요한 일은 자신의 발자취를 성찰하는 시간을 갖는 것이다.

아보며 정리하는 것이다. 신앙인으로서 하루하루를 어떻게 보냈는지, 어떤 일이 있었는지, 후회나 실수는 없었는지, 힘들거나 기뻤던 순간, 보람을 느꼈던 일이 무엇이었는지 차분히 자신의 발자취를 성찰하는 시간이 필요하다. 이는 마치 대나무가 자라면서 마디를 만들기 위해 잠시 멈추는 시간과 같다.

외적으로 보면 마디를 만드는 시간이 성장 없는 낭비의 시간처럼 보이지만, 그 시간은 자신의 삶을 정리하는 소중한 때이다. 집착으로 이어지는 욕망을 내려놓고 필요의

삶을 향한 선택으로 나아가게 하는 정리가 잘 이루어질 때
또 다른 새로운 길이 열린다.

# 죽음 앞에 선
# 인간

**8**

## : 장례미사의 기억

날씨가 쌀쌀해지면 본당에서 갑작스러운 장례미사가 잇달
아 봉헌되곤 한다. 활동이 뜸했던 연령회도 부산해진다. 수
년째 요양원에 계시던 90세 자매님이 가족들과 작별 인사
도 나누지 못한 채 잠자는 중에 평온히 돌아가셨다. 자매님
은 본당 관할지역에서 태어나 계속 살아온 토박이 중의 토
박이 신자였다. 요양원에 가기 전까지는 연령회 활동을 하
며 신앙생활에 열심이던 분이다.

　　노환으로 선종한 99세 어르신도 기억난다. 요즘 100
세 시대라 하지만 대부분 80대 후반이나 90대 초반에 선종

◆ 장례미사

한다. 그러니 99세라면 거의 백수를 누린 셈이다. 장례미사
는 호상 분위기로 진행되었다. 이 어르신은 90대 중반까지
레지오 회합에 참석하다가 노환이 심해지면서 장기 유고로
남아계셨기에 '레지오장'으로 예우를 갖춰 장례미사를 거행
했다.

성전 좌우 통로에 세워진 쁘레시디움 깃발들은 마치

천상에서 자매님을 환호하는 듯했다. 고령에도 레지오 단원으로 활동했던 것을 보면 얼마나 건강하게 지내셨는지 짐작할 수 있었다. 더구나 남편은 자매님보다 한 살 더 많아 100세이셨다. 부부가 100세가 될 때까지 77년을 함께 살았다는 것은 하느님의 크나큰 은총이요 기적이었다. 장례미사를 집전하며 자연스럽게 기쁨과 감사가 밀려들었다.

또 다른 장례미사가 기억난다. 오랜 병치레 끝에 병자성사를 받고 하느님의 품에 안긴 70대 후반 고인의 장례였다. 80세를 넘기지 못한 고인과 유가족을 맞이할 때마다 일찍 세상을 떠났다는 안타까움을 감출 수 없었다. 그럼에도 유가족은 병자성사를 받고 떠났다는 점에서 큰 위안을 얻었다.

삶의 막바지에 거의 눈을 뜨지 못하고 말을 잃은 상태였던 고인에게 병자성사를 주며 성체를 영하게 했을 때, 고인은 놀랍게도 또렷한 의식으로 "아멘" 하며 성체를 받아 모셨다. 의식이 없을 정도였던 분이 성체 앞에서 일으킨 반응을 보며 병자성사의 은총이 예수님의 몸을 알아보게 했다고 믿었다.

## : 죽음을 생각하며 지금 순간에 충실하라!

　장례미사를 드릴 때마다 죽음에 대한 묵상은 늘 다르다. 체험하는 죽음의 양상이 다양하기 때문이다. 장례는 고인이 남긴 삶의 궤적을 되돌아보는 기억의 시간이다. 또한 영원한 삶으로 이어주는 신앙의 끈을 확인하고 유가족과 통교를 다짐하는 순간이다.

　죽음 앞에서 신앙의 힘은 참으로 대단하다. 신앙은 살아온 삶, 선종의 은총, 회개할 수 있었던 기회에 대해 하느님께 감사하면서 영원한 삶이라는 희망으로 이끌어준다. 비신자들조차 죽음을 앞두고 대세를 원하는 이유가 여기에 있다고 생각한다.

　어느 해 위령성월에 본당 추천도서로 『내 가슴에 살아 있는 선물』(2019)을 신자들에게 소개한 적이 있다. 이영숙 수녀님의 호스피스 체험이 담긴 이 책은 임종을 앞둔 환자와 가족에게 위로와 희망을 전한다. 죽음 앞에서 드러나는 인간의 진실한 모습들, 호스피스 병실에서 하느님의 자녀로 서서히 변화되어가는 임종자들의 이야기를 통해 어떻게 살아야 할지 배운다.

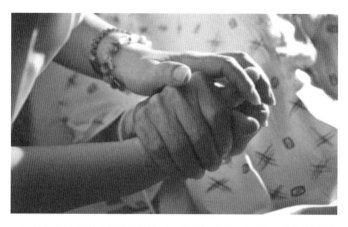

◆ 호스피스는 투병자와 함께 고통을 나누며, 하느님께로 인도하는 매개자 역할을 하기도 한다.

투병 중인 한 교사는 임종 전에 친지와 화해를 나누고 하느님께 용서를 청하며 자신의 시신을 기증했다. 또한 하느님께 드릴 선물로 가장 깨끗하다고 여긴 분필 한 통을 손에 쥔 채 평온히 세상을 떠났다. 그 아름다운 모습이 마음속에 생생히 떠오른다.

오랜 세월 수많은 임종자들을 만나며 그들의 사연을 들어주고 위로하며 기도해온 저자 수녀님 역시 암 투병의 경험자다. 죽음을 앞둔 투병생활의 경험을 바탕으로 고통받는 이들과 함께하며 그들을 하느님께로 이끄는 '구원의 매개자'로 살고 있다. '메멘토 모리'(죽음을 생각하라)를 상기하고 '카르페 디엠'(지금 이 순간에 충실하라)을 실천하며 매일을 영원의 관점에서 살아야겠다.

# 추억을 넘어
# 기억으로

**9**

## : 머리에서 가슴으로

'기억'과 '추억'은 유사해 보이지만 명백한 차이가 있다. 둘
다 과거에 '있었던 일'을 다루면서도, 추억은 그 '있었던 일'
이라는 기억에 감정이 더해진 것이다. 기쁜 추억이나 고통
스러운 추억처럼 나의 감정이 이입된 기억이 바로 추억이
다. 추억은 나의 감정 선이 연결되어 있는 너 혹은 공동체
와 함께 나눌 수 있는데, 감정의 공유가 없는 남과는 무관
하다.

　　기억과 추억의 차이를 절묘하게 표현한 문장이 있다.
"기억은 횡단보도 건너편 수많은 무덤덤한 표정의 행인이

◆ 코로나19 위로 금요콘서트, 서울 청담동성당(2020.6.19)

고, 추억은 그 행인 속에 숨어 있는 단 한 사람인 첫사랑이 다.” 기억의 하위 개념이라 할 수 있는 추억은 개인적이면서 공동체적 성격을 띤다.

코로나19 시기에 공포와 두려움, 불안과 우울 속에 있던 신자들에게 희망과 위로를 전하기 위해 본당에서 금요 콘서트를 개최했다. 성전에 모일 수 없었기 때문에 사회적 거리두기를 고려해 밖으로 나가 본당 마당에 작은 의자와 조촐한 무대, 그리고 임시로 설치한 커다란 화면을 준비했다.

예상보다 많은 사람이 참석했고, 지나가던 행인들도

걸음을 멈추고 구경했다. 출연한 첼리스트는 첼로 연주뿐만 아니라 시네마 콘서트 형식으로 영화를 보여주며 진행했는데, 1시간 반이 넘었어도 사람들은 지루하지 않고 즐거워했다.

여러 흥미로운 내용들 중 첼리스트가 한 말이 인상적이었다. "기억은 머리에 남는 것이고, 추억은 가슴에 남는 것이다." 기억은 사실 그대로 머릿속에 남아 과거를 돌아보게 한다. 그러나 추억은 기쁨, 즐거움, 슬픔, 고통 등 자신이 겪은 경험이 감정으로 마음에 남아 현재와 미래에 영향을 준다.


## ⦂ 기억의 힘

5월 성모성월에 우리는 성모님의 삶을 기억한다. 성모님도 아들 예수님에 대한 추억이 많으셨을 것이다. 갈릴래아 시골 처녀 시절 난데없이 가브리엘 천사가 나타나 예수님의 탄생을 예고했을 때 느꼈던 놀라움, 하느님의 뜻대로 이루어지길 바라며 순명했던 체험이 선명했을 것이다.

파스카 축제 때 요셉과 마리아 부부는 잃어버린 어린 예수님을 찾아 헤매다가 예루살렘 성전에서 율법학자들과 토론하는 모습을 발견하고 왜 부모를 걱정하게 했는지 물었다. 어린 예수님의 대답은 매우 뜻밖이었다. "왜 저를 찾으셨습니까? 저는 제 아버지의 집에 있어야 하는 줄을 모르셨습니까?"(루카 2,49)

마리아는 이 말을 이해하지 못했지만, 이 모든 일을 마음속에 간직했다. 예수님의 탄생부터 유년과 소년 시절을 함께하며 겪었던 예상치 못한 일들이 성모 마리아 마음에 추억으로 남아 일생 동안 큰 영향을 주었다. 그 추억이 아들 예수님의 공생활과 십자가의 길을 함께하며 "당신의 영혼이 칼에 꿰찔리는"(루카 2,35) 고통을 참아낼 수 있었던 힘이 되었다.

추억은 나와 너, 나와 나의 체험 공동체에 국한된 한계를 지닌다. 추억은 기억의 한 방법일 뿐이다. 아직까지 사회적이거나 보편적이지 않다. 성모님께서 예수님과 함께한 추억은 개인적이거나 가족, 친척, 마을 공동체에 한정된 것이었다. 그러나 십자가 사건은 이러한 추억을 기억으로 전환시켰다.

◆ 성모 마리아, 모든 인류의 어머니

성모님의 추억이 기억으로 변화된 결정적 계기는 십
자가 위에서 예수님이 사랑하시는 제자에게 하신 말씀이었
다. "이분이 네 어머니시다"(요한 19,27). 이 말씀으로 성모님
은 예수님의 제자들뿐만 아니라 모든 인류의 어머니가 되
셨다.

추억이 성모님을 예수님의 어머니로 남게 하는 것이
라면, 기억은 성모님을 하느님의 어머니이자 우리 모두의
어머니가 되게 한다. 기억은 체험을 직접 나누지 않은 무관
한 사람조차 '남'에서 '너'로 변화시킨다. 무수한 '너'가 십자

가 사건을 통해 신앙의 '운명 공동체'가 되는 것이다. 전혀 무관한 '남'을 '너'로 전환시켜 예수님의 제자로 초대하고, 성모님을 우리의 어머니로 공경하게 해주는 것은 기억의 힘이다. 기억에서 망각으로 내몰리는 고통을 겪는 사람들이 있다면 그들에게 힘과 용기를 주시도록 성모님께 전구해본다.

# 진정한
# 쉼

**10**

## : 삶에도 쉼표가 필요하다

매년 여름 휴가철이면 '열심히 일한 당신, 떠나라'라는 말처럼 사람들은 즐거워하는데, 신자들이 줄어드는 주일미사를 집전해야 하는 본당 신부들은 그리 반갑지 않다. 그래도 어쩌겠는가.

"좀 쉬어라"(마르 6,31; 마태 11,28 참조)고 하신 예수님 말씀대로 8월 한 달 동안 성가대도 쉬게 하고 헌화회도 전례 꽃꽂이 대신 화분으로 대체하라고 하니, 모두 "기뻐하고 즐거워하는"(마태5,12 참조) 모습이다. 덩달아 나 역시 마음이 기쁘고 즐겁다. 쉼이 모두에게 기쁨과 즐거움을 줄 수 있다

◆ 열심히 일한 당신, 떠나라! 제발!

는 사실이 새삼스럽게 다가온다.

쉼표 없이 연주되는 음악이 없듯, 삶에도 쉼표가 절대적으로 필요하다. 삶에서 쉼표를 놓치면 몸과 마음이 소진되어 지쳐버린다. 어떤 암 환자를 만난 적이 있는데, 너무 일만 하다가 암에 걸렸다고 한다. 이제 살 만하니 암에 걸려 죽을 날만 기다려야 한다며 너무 억울해한다.

쉼이 없는 삶은 브레이크가 고장 난 자동차와 같다. 언덕에서 내려오던 트럭이 브레이크가 파열되어 앞에 있던 승용차를 덮쳐 사람들이 목숨을 잃는 불행한 사고가 종종 일어난다.

삶에도 브레이크가 필요하다. 달리다가도 필요할 때 브레이크를 밟아 천천히 가거나 멈출 수 있어야 한다.

## : 대나무에 마디가 있는 이유

쉼과 안식은 시간을 낭비하는 것이 아니라 창조적인 휴식이다. 대나무를 떠올려보자. 대나무는 둘레가 가늘지만 숲속에서 하늘 높이 자란다. 비바람과 폭풍우에도 쉽게 꺾이지 않는다. 왜일까? 바로 대나무에는 마디가 있기 때문이다.

대나무는 자라면서 마디를 만든다. 마디를 만들 때는 성장을 멈춘다. 멈추는 시간에 마디가 만들어진다. 마디를 만든 대나무는 그것을 바탕으로 더 높이 성장한다. 일정 시간이 지나면 다시 멈추어 또 다른 마디를 만든다. 대나무는 이 마디들로 인해 어떤 바람에도 꺾이지 않는다.

바쁘더라도 잠시 멈추고 안식의 시간을 가지면서 자기

성찰과 반성을 할 때 하느님의 뜻을 깨닫고 영적으로 성숙한 신앙인이 될 수 있다.

예전에 읽었던『안식일은 저항이다』(2015)라는 책이 떠오른다. 구약에서 이집트 파라오의 지배를 받았던 이스라엘 백성의 처지는 현대를 살아가는 우리와 별반 다르지 않다. 소비를 위해 끊임없이 생산하고 노동해야 한다. 이웃의 개념은 상실되고 모든 사람이 자본을 위한 도구로 전락하는 '쉼 없는 착취 시스템'이 파라오 왕의 체제이다. 이 강자의 시스템에 저항하고 해방시키는 분은 '쉬시는 하느님'이다. 이런 맥락에서 안식일은 창조주 하느님께 돌아가고 이웃을 사랑하라는 계명이다.

## : 디지털 안식

그런데 요즘 제4차 산업혁명과 함께 진화하는 디지털 문화는 한층 업그레이드된 새로운 파라오 시스템을 구축하고 있다. 예를 들어 60초 이하의 짧은 동영상 플랫폼 '숏츠'는 사람들에게 피로감을 준다. 한 번 클릭하면 알고리즘에 따라 다른 영상이 계속 이어지고 자신도 모르는 사이에 중독된다.

스마트폰을 보느라 늦게 잠드는 취침시간 지연 행동 역시 일상 스트레스를 풀고 부족한 여가 시간을 채우려는 즉각적인 감정 해소의 일환이라는 연구 결과가 있다. 그러나 이러한 디지털 문화는 현대인의 신체와 정신 건강을 위협하는 새로운 형태의 자기 착취 시스템이라는 부정적인 면이 있다.

이러한 시스템에서 독립하고 일상 속 신앙을 회복하려면 모든 애플리케이션 푸시 알림을 끄고 알고리즘을 멀리

◆ 디지털 안식을 위해
과감하게 접속을 끊어보자!

하며, 주일에는 스마트폰에서 잠시 떨어지는 '디지털 안식'을 실천해야 한다.

쉼이 없는 삶에서 벗어나 쉼으로 들어가는 것이 절박하고 어려운 시대에, 아날로그적 안식뿐 아니라 디지털 안식도 고려해야 진정한 안식을 누릴 수 있다.

# 기억에 남는
# 순교자 성월

**11**

## 순교자에 대해 아시나요?

매년 9월이 다가오면 '순교자 성월을 본당에서 신자들과 어떻게 의미 있게 보낼 수 있을까?'를 고민하곤 한다. 한국 천주교회는 약 100년간의 박해 속에서 103위 성인과 124위 복자를 비롯한 수많은 순교자들을 배출한 역사를 가지고 있다. 신자들의 뜨거운 기도와 노력 덕분에 시성·시복된 성인·복자가 227위에 이르는 것은 감격스러운 일이다.

하지만 우리가 그분들의 시성·시복을 위해 열심히 기도한 것에 비해 그분들에 대해 얼마나 알고 있는지를 생각하면 아쉬운 마음이 든다. 몇몇 순교자들만 기억에 남고,

나머지 순교자들에 대해서는 거의 아는 바가 없는 현실이다. 더욱이 우리가 알고 있는 순교자들조차 그분들의 순교 상황에 대한 단편적인 지식에 머물러 있을 뿐 그들이 삶 속에서 신앙과 이웃사랑을 어떻게 실천했는지는 잘 알지 못한다.

물론 잘 알려진 몇몇 순교자들은 다양한 매체를 통해 재조명되어왔다. 성 김대건 안드레아 신부에 관한 창작 뮤지컬과 영화 〈탄생〉(2022), 뮤지컬 〈순교복자 유항검의 딸

◆ 서울대교구 순교자현양위원회에서는 매년 9월 서울 순례길을 걷는 '9월愛 동행' 행사를 하고 있다.

유섭이〉(2018), 뮤지컬 〈서울할망 정난주〉(2015) 등 다양한 장르에서 그들의 삶과 신앙을 다루고 있다.

또한 『차쿠의 아침/마지막 이야기』(2014/2023), 『누이여 천국에서 만나자』(1991), 『흑산』(2011), 『파격』(2011), 『두물머리 사람들』(2015), 『고요한 종소리』(2016), 『광암 이벽』(2023), 『구산의 별꽃』(2023), 『사랑과 혁명』(2023) 등 여러 문학 작품이 출판되었고, 가톨릭평화방송에서는 순교자들을 다룬 드라마를 여러 편 제작해서 방영하기도 했다. 그러나 이러한 노력은 여전히 소수의 생산자와 소비자에게 국한되는 아쉬움을 드러냈다.


## ⠸ 순교자는 우리 신앙의 뿌리

다행히 최근 들어 걷기 문화가 보편화되면서 개인, 부부, 단체별로 국내 성지순례가 활성화되고 있다. 주교회의 순교자 현양과 성지순례사목위원회는 전국 성지순례 책자를 배포하고 완주자에게 축복장을 수여하면서 순례 분위기를 더욱 고조시키고 있다. 나 역시 오래 전에 본당에서 성지순례

◆ 한국 천주교는 순교자의 무덤에서 핀 꽃이다. 사진은 첫 순교자 윤지충 바오로와 권상연 야고보의 무덤에서 출토된 백자사발 지석. 위쪽은 윤지충 바오로, 아래쪽은 권상연 야고보의 백자사발 지석이다.

팀을 구성해 신자들이 성지순례에 적극 참여하도록 한 경험이 있다.

이제 성지순례가 어느 정도 자리 잡았다고 볼 수 있지만 여전히 개선할 점이 많다. 많은 순례자들이 성지에 도착하면 묵주기도, 미사, 식사, 산책 등 기본적인 순례 프로그램을 따른다. 그런데 정작 어떤 순교자의 성지인지, 그들이 어떤 삶을 살고 어떻게 순교했는지에 대한 구체적인 내용은 기억에 잘 남지 않는 경우가 많다.

그저 경치 좋은 곳에서 기도와 산책을 한 기억, 잘 조성된 성지의 풍경만 남아 있을 뿐이다. 일부 성지를 제외하면 성지의 의미를 자세히 설명해주는 팸플릿이나 영상물이 부족한 것도 문제다. 성지의 외형은 잘 조성되어 있으나, 순례자들의 영적 경험을 풍성하게 할 콘텐츠는 부족한 실정이다.

9월 순교자 성월을 더욱 의미 있게 보내기 위해 본당에서 내실 있는 다양한 행사와 프로그램을 시도할 필요가 있다. 예를 들어 본당 신자들이 최양업 신부의 어머니 이성례 마리아의 순교를 주제로 순교극을 준비해 주일미사 중 공연을 하면, 신자들은 눈앞에서 펼쳐지는 생생한 고문과 순교 장면을 통해 깊은 감동을 받을 것이다.

　　말씀으로 전하는 강론도 중요하지만 연극을 통한 생동감 있는 체험이 신자들에게 순교의 의미를 더 깊고 생생하게 새겨줄 수 있다. 또한 본당 단체가 순교성지와 교회사적지를 방문하는 순례 프로그램에 참여하는 것도 의미 있는 활동이다. 이러한 시도들이 모여 오래도록 기억에 남는 순교자 성월이 될 수 있기를 기대한다.

# 9월愛동행

2018년 9월 14일 '천주교 서울 순례길'이 아시아 최
초로 교황청이 승인하는 국제순례지로 선포되었다.
'9월愛동행'은 이를 축하하고 기념하기 위하여 매년
9월 천주교 서울 순례길을 걸으며 이웃사랑을 실천
하는 순례길 걷기 행사로, 서울대교구 순교자현양위
원회 주관으로 2019년부터 시작되었다.
'9월愛동행'은 순례자 여권을 구입한 후 천주교 서
울 순례길 내 24개 성지·순례지·교회사적지를 걸으
며 인증 스탬프를 찍고, 완주한 순례자 여권을 제출
하면 축복장을 발급해준다. 순례지를 걷고, 기부에
도 동참할 수 있는 9월애동행은 누구나 참여가능하
다. 함께 걷는 여정을 통해 순교자들의 참다운 신앙
을 느끼고 순교 영성을 실천할 수 있을 뿐 아니라 여
권 판매액 전액을 기부함으로써 이웃사랑을 실천할
수 있다.

## 지은이

**김민수 이냐시오 신부**

서울 상봉동성당 주임신부. 한국가톨릭문화연구원장.
1985년 사제품을 받고 일산·신수동·역촌동·불광동본당 주임신부를 역임했으며, 미국 텍사스 주 포트워스 한인본당에서 교포사목을 했다. 1997년 미국 펜실베이니아 주립대학에서 매스컴 전공으로 박사학위를 받았으며, 20여 년간 한국천주교주교회의 사회홍보위원회 총무를 맡아 사목과 문화를 접목한 문화사목이라는 새로운 영역을 개척하였다. 가톨릭평화방송 주간과 한국언론학회 '종교와 커뮤니케이션' 분과장을 역임했으며, 서강대와 가톨릭대에서 매스컴을 가르쳤다. 2009년부터 한국가톨릭문화연구원장을 맡고 있다. 논문으로 '종교방송의 공익적 성격에 대한 분석', '매스미디어 패러다임의 전환: 홍보수단에서 미디어문화로', '떼이야르 드 샤르댕의 사상에 따른 신학과 커뮤니케이션의 관계' 등 다수가 있으며, 지은 책으로 『본당사목, 문화를 입다: 문화사목의 이해와 실제』(평사리, 2017), 『행복한 사람들』(서교, 2015), 『디지털 시대의 문화복음화와 문화사목』(평사리, 2008), 『문화를 읽어주는 예수』(기쁜소식, 2020) 등이 있다. 옮긴 책으로 『복음화와 커뮤니케이션』(가톨릭출판사, 2009)과 『교회쇄신과 매스컴』(가톨릭출판사, 2005)이 있다.